768

経済学からなにを学ぶか

その500年の歩み

伊藤誠
ITOH MAKOTO

HEIBONSHA

経済学からなにを学ぶか●目次

経済社会学

M. ウェーバー

経済人類学・進化経済学

K. ポランニー　G. M. ホジソン

制度派経済学

T. ヴェブレン　J. M. クラーク
J. R. コモンズ　J. K. ガルブレイス

新制度派経済学

R. H. コース
O. E. ウィリアムソン

現代オーストリア学派

I. カーズナー　D. ラヴォア

ゲーム理論

J. v. ノイマン　J. F. ナッシュ

J. R. ヒックス　K. アロー
O. ランゲ

厚生経済学

A. C. ピグー　A. セン

マクロ経済学

ケインズ経済学

J. M. ケインズ　M. カレツキー　J. ロビンソン
R. F. ハロッド　P. A. サムエルソン

新リカード学派

P. スラッファ　I. スティードマン

ソ連マルクス学派

V. I. レーニン
I. V. スターリン
L. トロツキー
N. I. ブハーリン
I. I. ルービン
E. S. ヴァルガ
N. D. コンドラチエフ

現代(非ソ連)マルクス学派

P. スウィージー　第三世界派
M. ドッブ　(従属学派)
宇野弘蔵 ―― 宇野学派
H. ブレイヴァマン　レギュラシオン学派
E. マンデル　ラディカル・エコノミクス
置塩信雄　アナリティカル・マルクス学派

経済学史の概略

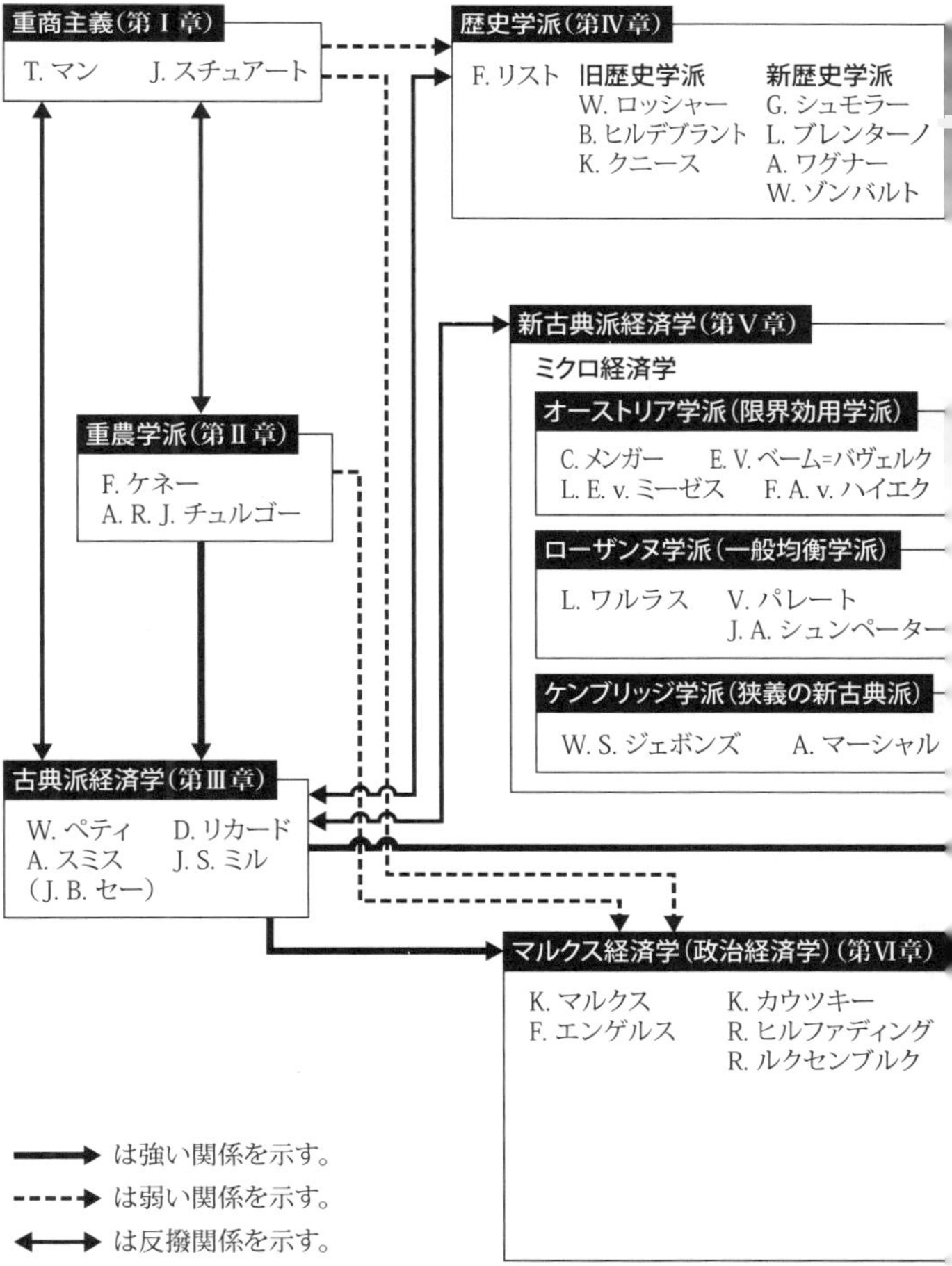
重商主義(第Ⅰ章)
T. マン　J. スチュアート
歴史学派(第Ⅳ章)
F. リスト
旧歴史学派
W. ロッシャー
B. ヒルデブラント
K. クニース
新歴史学派
G. シュモラー
L. ブレンターノ
A. ワグナー
W. ゾンバルト
新古典派経済学(第Ⅴ章)
ミクロ経済学
オーストリア学派(限界効用学派)
C. メンガー　E. V. ベーム=バヴェルク
L. E. v. ミーゼス　F. A. v. ハイエク
ローザンヌ学派(一般均衡学派)
L. ワルラス　V. パレート
J. A. シュンペーター
ケンブリッジ学派(狭義の新古典派)
W. S. ジェボンズ　A. マーシャル
重農学派(第Ⅱ章)
F. ケネー
A. R. J. チュルゴー
古典派経済学(第Ⅲ章)
W. ペティ　D. リカード
A. スミス　J. S. ミル
(J. B. セー)
マルクス経済学(政治経済学)(第Ⅵ章)
K. マルクス
F. エンゲルス
K. カウツキー
R. ヒルファディング
R. ルクセンブルク
は強い関係を示す。
は弱い関係を示す。
は反撥関係を示す。

いま、なぜ経済学を学ぶのか

経済学はどのような学問なのか。そして、そこからなにを学ぶべきなのか。

大学で経済学を学びはじめた学生だけではなく、実社会で働きはじめたビジネスパーソンのみなさんにも理解してもらえるように、経済学の課題と、その方法を、五〇〇年にわたる歩みのなかから考え直してみたいと思う。

「経済学って、要するにお金のことだろ？　そりゃ面白いわけだ」

映画俳優、監督、小説家と多彩な才能を示すウッディー・アレンはこう述べている（B・A・リエター［1999］）。

ほんとうに、そう思えるところがある。

経済学は当初、political economy（政治経済学）とよばれ、哲学や神学から分離された独立の学問として発達をはじめる。それは、一六世紀以降のヨーロッパにおける資本主義市場経済の発生過程においてであった。その訳語に、中国伝来の「経国済民（国を治め民を救う）の学」という用語を中抜きで用いた、日本の先学の知恵もなかなかのものであった。

市場経済を構成する商品とはなにか、その取引に用いられるお金（貨幣）とはなにか、といった経済学の要素となる問題は、アリストテレスをはじめ、洋の東西を問わず、近代以前にも、しばしば重要な思想家によってとりあげられてはいた。しかし、それは概して、哲学、神学、倫理学などの一部に断片的に散在し、経済学としての独自の学問を体系的に形成する傾向があったとはいえない。

日本でいえば、江戸時代までの近代以前の社会では、生産、分配、消費にわたる人びとの生活の基本が、非市場経済的な家族や村落の共同体的秩序、それらを支配する身分・権力による社会組織のなかで維持されており、市場経済のしくみは、士農工商という身分制度にもあらわされているように、付随的で周辺的な位置にしかなかった。

ところが、一四九二年のコロンブスによるアメリカ大陸到達、一四九八年のヴァスコ・ダ・ガマのインド航路の開発に続く世界市場の形成・拡大を契機に、西欧諸国に、市場経済社会が形成されてゆく。そこでは、お金で商品を売買し、それによって資本が利益をあげるしくみが、生産、分配、消費の基本を動かしてゆくことになる。

そうなると、人びとが社会的存在として、古くから営んできた広義の経済生活が、そのもとで維持されていた村落共同体的な秩序や慣習、身分制度、さらにはそれらを正当化する倫理や宗教などから解放されて、市場における人びとの自由で自主的な取引をつうじて、自律的に動かされてゆくことになる。そして、人びとの経済生活は、政治権力や共同体的道徳や宗教、さらには慣習の支配から離れて、自律的な市場経済の動きにゆだねられることになるのであった。

経済学が、つねに社会生活のなかで、市場経済のしくみを、哲学、政治学、法学などの学問から相対的に独立の考察課題とし、独自の基礎的な社会科学の分野を形成しうる根拠も、それによって与えられる。その意味で、経済学の体系的発達は、市場経済社会を形成する資本主義経済の自己認識の歩みをなしてきたともいえる。

資本主義をこえる新たな社会をめざしたソ連型社会の経済秩序の意義や、その挫折の由来、あるいは代替的な社会主義への諸構想なども また、狭義の経済学としての資本主義経済の研究にもとづき、提示され、検討されてきた。

さらに、資本主義の世界史的発生、発展の過程で、非市場的な自給部分にも依存する農民経営のような小生産者や、家族共同体がどのように解体され、あるいは保護されてきたか。そのような側面をふくめ、社会的共同性をもそのときどきに代表しつつ、国家がどのような経済政策を基本としてきたか。その論拠や当否をめぐる議論もまた、経済学の歩みの重要な側面をなしている。

そのような諸課題を広く視野におさめつつ、経済学が歩みをすすめるなかで、さまざまな社会的・政治的思想（イデオロギー）との関連性もまた、つねに問われ続けてきた。それは、これから経済学を学ぼうとする初学者の多くをたじろがせる、やっかいな事態でもある。

たとえば、日本経済の衰退に即効性のある処方箋とはどのようなものか、現政権の経済政策はこれに適合しているか、経済学は、学派によってそれへの応え方が大いに異なりうるし、同じ学派のなかでも、認識は多少とも異なりうる。

ジャーナリズムや政治家は、それへの判断を日々求められることになるのだが、どの学派のどの学者の認識をたよりとして、政策決定やその評価に結びつけるのか。また、学問としての経済学の理論や分析のみではすまない選択や決断を要するところが、実践的にはかならずつきまとうので、経済学にもとづく異論や批判も後をたたないことにもなる。

それとともに経済学に、どうすれば個人の所得や資産を増やせるのか、確実な処方を求めても、ほとんどの場合、期待はずれに終わるであろう。

経済学の発達の歩みのなかで生じてきた重商主義、重農学派、古典派経済学、歴史学派、新古典派経済学、マルクス経済学などの主要な学派の（現代的な）魅力や限界を味わいつつ、こうした一連の問題を再考し、経済学の入門や再入門を考えている人びとに、広い視野にたって、現代の経済社会のあり方とゆくえを学問的に学ぶ意義を、順次説きすすめてみよう。

第Ⅰ章

国富の増大をめざした重商主義

1　資本主義発生期の支配的学説

一六世紀から一八世紀にかけて、西欧諸国に近代資本主義が生成する過程で、主要諸国の政策の指針とされていた支配的学説が重商主義（mercantilism）と総称されている。経済学の発展の最初にあらわれた重要な学派である。

この時代の西欧諸国は、アメリカ大陸への航路と喜望峰を回るインド航路との開発により、輸出商品の毛織物を、アメリカで産出される金銀と交易し、その金銀でアジア特産物の胡椒《こしょう》、絹、茶などを購入して、世界商業を拡大していった。中世まで、イスラム商人が担っていた、中東と地中海沿岸を経由するユーラシア大陸東西の交易ルートを、ヨーロッパの商人が、新大陸を加えた大規模な三角貿易におきかえて、近代世界システムとしての資本主義の歴史をひらいていったのである。

それにともない、西欧諸国内にも商人的資本の支配力が強化され、社会的変革がうながされていった。そして、自国商業保護のための世界的な商業圏の確保、植民地支配の争奪、海上覇権《はけん》の争いなどにわたる重商主義的戦争が、ポルトガル、スペイン、オランダ、イギリス、フランスなどの列強のあいだに反復され、近代国民国家がその担い手として形成されていった。その過程で、国内的にもしばしば内乱や内戦をともないつつ、中世までの地域分権的な封建領主の荘園内支配を打破し、政治、行政を近代国民国家として統合することとなる。

そうした近代国家は、中世までの農奴としての農民の身分支配と封建的家臣団の維持による統治のしくみとは異なり、市場経済の発達を基礎として、必要とされる強大な官僚、軍隊をすべて俸給により雇用することとなった。そして、それに要する貨幣をどのように税金で調達するかが問われ、基本的には租税国家として特徴づけられる。いまでもそうだが、お金で動かされる国家となったわけである。

重商主義の経済学は、商人的資本の支配のもとで発生しつつある資本主義国家の財政的基盤強化のために、貨幣としての国富の増大をめざし、その指針を探る課題を重視していた。

資本主義の母国といわれるイギリスにおいても、当初は他の西欧列強とともに、王権神授説にもとづく絶対王制を前提に、重商主義が主張されていた。しかし、市場経済のなかでの取引の自由、平等、私有財産権をふくむ人権の尊重を求める都市のブルジョアジー

（資本家階級）の興隆をうけて、議会による国家財政の決定権などにより王権を制限する共和制への変革が、ピューリタン革命（一六四二‐四九年）により実現され、名誉革命（一六八八年）により再確認される。それは、イギリスにおける市民革命にほかならなかった。

このことを契機に、重商主義の政策方針も、貴族的地主階級を代表するトーリー党と都市のブルジョアジーを代表するホイッグ党（後に一八三〇年代に自由党に改称）とのあいだの政策論争の基礎とされ、異なる見解に分かれる傾向も生じた。

その間、イギリスでは、一六世紀に、当時の基軸産業だった羊毛工業の原料の需要増大にうながされて、牧羊場の造成や拡大がすすめられた。ついで一八世紀には、近代的農場への改変が進展する。それらのために、中世までは農民家族に伝統的な村落共同体の基礎として保障され続けていた耕地や入会地を、概して封建社会における土地の支配者たちが私的暴力や公的権力をも発動して収奪し、私有財産として囲い込んで、農民をいたるところで放逐した。その結果、農民をホームレスの無産の労働者に転化し、大量に都市に流出させた。それにともない、農奴の身分的支配からは解放されながら、生産手段から切り離されたプロレタリアート（無産の労働者階級）が、都市部に成長する商業資本や、その支配のもとでの工場制手工業に必要とされる賃金労働者の供給源をなしていった。

こうして、重商主義の時代に形成されていった近代市民社会は、自由、平等、人権を理念としてうたい、市場経済の秩序を拡大しながら、その内実において、いちじるしく不平等な財産と所得の格差をともなう土地所有者、資本家、および賃金労働者の三大階級の発生と、その拡大再生産のしくみを生じていったのである。

世界的規模においても、そのような市場経済の拡大を担う自国の商人的資本を保護・育成する、西欧列強の植民地支配によるアジアや中南米諸国における収奪、アフリカ各地の奴隷狩りによる貧困化など、現代に続く大きな経済格差の発端が、しばしば理不尽な武力や暴力を用いて形成される時代をもなしていた。

重商主義の経済学は、こうした問題の所在全体にかならずしも十分配慮していたとはいえないが、その基礎となっていた資本主義の発生期は、市場経済の拡大を世界的にも国内的にも大規模に進展させるなかで、その理念としている自由、平等、人権と、実質的には大きくかけ離れた格差や支配関係をともなう社会形成の歴史となっていたことにも、留意しておかなければならない。

2　取引差額主義から貿易差額主義へ

重商主義の経済学は、発生期の資本主義の支配的資本をなしていた商人資本が、世界市場の拡大にもとづき、国富を増大させることに期待をよせて、考察をすすめていた。そのさい、近代国民国家の財政的基礎としても、自国商人が世界市場で諸商品（C）を貨幣（M）で安く買って高く売ることで、より多くの貨幣（M'）をえる、M—C—M'の運動形式で、譲渡利潤をえることが国富増進の主要な方策であるとみなされた。国富の内容は、対外戦争のときなどにも使える世界的に通用する当時の貨幣、金銀をより多く自国に蓄えることであると考える傾向が強かったのである。

この発想は重金主義（bullionism）とよばれていた。一六世紀から一七世紀初頭まで、この重金主義は、商人の対外取引について、個別的に一回ごとの取引において、用いられた貨幣より多くの貨幣を自国にもたらすことを求める、取引差額主義（balance of bargain system）の政策に体現されていた。

「悪貨は良貨を駆逐する」という法則を説いたといわれるT・グレッシャム（1519–79）

やG・ドゥ・マリーンズ（1586?-1641）などが、その観点にたって、自国に有利な為替相場維持の必要をもあわせて主張していた。

戦後、かなりの期間にわたって日本でもおこなわれていたが、現在でも、外貨不足に悩まされている途上国では、対外取引の支払いや旅行に用いる外貨をえるには、届け出やそれへの公的許可が必要で、外国からの旅行者にも、持ち込んだ額をこえて外貨を持ち出せないよう規制していることがある。取引差額主義の発想は、現代世界にも失われていないともいえる。

しかし、こうした取引差額主義による個別取引の規制は、たとえば一六〇〇年に設立された東インド会社などの大規模な特許貿易会社が、新大陸からえた大量の金・銀をインドなどのアジアの特産物の仕入れに用いる活動をすみやかに弾力的にすすめるには支障が大きかった。そこで、世界貨幣としての金銀を自国により多く引き寄せつつ、市場経済の成長・興隆をうながすためにも、むしろ個別的取引の規制より総括的な貿易差額を重視すべきであるという見解によって批判され、とって代わられた。

こうして登場した見解が、一七世紀中頃から支配的となる貿易差額主義（balance of trade system）である。

東インド会社の理事でもあったT・マン（1571-1641）は、「貨幣は商品にしたがう」と述べて、貿易差額主義を主張していたが、没後に出版されたその著書『外国貿易によるイングランドの財宝』（1664）において、その主張をいっそう明確に展開した。そこでは、つぎのように貿易商人の役割がたたえられている。

「外国貿易の真の姿と価値をみよ。それはわが国王の偉大な歳入であり、わが王国の栄誉であり、貿易商人の立派な職業であり、わが王国の工芸のための教場であり、わが国の必要品の供給者であり、わが貧民の仕事の供与者であり、わが国土の開発者であり、わが国の水夫の養成所であり、わが王国の城壁であり、わが国の財宝の源泉であり、わが国の戦争の腱であり、わが敵国の畏怖の種である」（訳書、一五〇－五一ページ）

こうした貿易商人の役割によって、総括的貿易差額が輸出超過となれば、それにしたがい代表的財宝としての金銀（貨幣）は、自国に流入するはずであり、為替相場も有利に維持されるはずで、取引差額主義による個別的取引の規制は不要であると主張されているのである。

こうしたマンによる主張には、戦後の日本が輸出競争力を増して、貿易差額を黒字化するにしたがい、取引差額主義を思わせる外貨の規制や割り当てが不要とされていった経緯を想起させるところもある。もっとも、マンは、ここでも外国貿易が、自国の工芸や各種の就業を促進することは述べているものの、輸出産業の成長が貿易差額の黒字化に必要とされていることに考察をおよぼしてはいない。あくまで外国貿易とそれを担う貿易商人に国富の源泉があるとする、重商主義の立場にとどまっているといえる。

とはいえ、A・スミス（1776）が後に述べているように、「マンの書物の表題は、イングランドばかりではなく、すべての他の商業国の経済政策の根本方針となった」（訳書Ⅱ、八七ページ）。それは発生期の資本主義の経済政策を代表する重商主義とその論拠が、このマンの著書に典型的に集約されていたことをうかがわせる。

それとともに、外国貿易と商人の役割を強調する重商主義的な政策は、現実には植民地支配の体制や、それと結びついた東インド会社のような地域独占的な特許貿易会社への国家的保護、各種の関税制度などの国家主義的な経済政策の体系と緊密に関連し、商業覇権を争う重商主義的戦争の反復をもともなっていたことにも注意しておきたい。国家の経済的役割は、きわめて大きかったのである。

イギリスで絶対王制から共和制に移行した後にも、一八世紀まではそうした重商主義的国家政策は継承された。たとえば、議会で一七世紀末から一八世紀にかけて、ブルジョアジーの党といわれたホイッグは、東インドからのキャラコの輸入増大にたいしても、コルベールのもとでのフランスの重商主義的通商政策への対抗策としても、国内産業の競争力を育てる保護関税政策が通商の基礎として望ましいと主張した。これにたいし、地主的利害を代表するといわれたトーリー党から、むしろ自由貿易論が主張される傾向もみられた。

しかし、トーリー自由貿易論の主張も、J・チャイルド（1630–99）やC・ダヴナント（1656–1714）にみられるように、インド、アメリカなどの植民地との貿易はイギリスが独占すべきであり、そのうえで東インド会社の利益となるキャラコの輸入や、そのための金銀の使用を自由に認めるべきであるという内容だった。貴族的土地所有者層の利害も、当時はすでに東インド会社のような特許貿易会社やそれをつうずる植民地支配にもとづく収益に、投資や金融をつうじて、直接間接に深く関わるようになっていたことをうかがわせる。

それゆえ、トーリー自由貿易論といっても、その内容は、マンの定式化した重商主義的政策体系を前提とし、東インド会社のような特許貿易会社の営業の自由を擁護しようとする発想にたつものであった。それは、後の産業資本の利害にそった、古典派経済学の自由貿易論とは、なお異質な、重商主義的自由貿易論ともいうべき政策論であった。

とはいえ、その論客のなかにも、N・バーボン（1640–98）やD・ノース（1641–91）のように、外国貿易を国際分業の観点からとらえ、就業の拡大効果を重視して、自由貿易の効果を主張するものもあらわれた。『ロビンソン・クルーソー』の作家として著名なD・デフォー（1660?–1731）も、そのような発想を継承し、対仏通商論争のなかで、自由貿易がもたらす就業の増大と高賃金がむしろ労働意欲と労働生産性を高め、国内市場を広げ、海外市場拡大にも寄与すると主張している。商人資本的な市場拡大効果への関心がなお強いながら、その基礎として産業や労働の意義に注意を向けるようになっている。後の古典派経済学に接近する観点を、こうしたトーリー自由貿易論が用意しつつあったと読むこともできる。

3　J・スチュアートによる総括

こうした一連の重商主義の経済学を事実上、最後に総括する重要な著作があらわれる。J・スチュアート（1712–80）の大著『経済学原理』（1767）である。

著者は、スコットランドの貴族の出身で、一七四五年から四六年に起きたジェームス党の反乱（フランスの援助をえて、スチュアート家の王位復活を図ったジャコバイトの乱）に連座して、反逆罪で国外追放となり、一七年にわたりフランス、ドイツで亡命生活を送るなかで、広く異なる諸国の経済社会の歴史的異同などに興味をよせつつ、経済学の研究をすすめた。

その主著は、その後の経済学の歩みにてらしてみても、ほぼすべての主要分野を体系的にカバーする包括性を示している。『経済学原理』という表題の書物は数を増し続けているが、その嚆矢《こうし》をなすにふさわしい堂々たる内容といえる。不幸にして、九年後に出版された同じスコットランドの経済学者A・スミスの『国富論』の名声の陰にながらく埋もれていたが、K・マルクスによって発掘されて以来、その評価は上昇の一途をたどっている。

その全体は、「人口と農業」「商業と産業」「貨幣と鋳貨」「信用と負債」「租税と租税収入の適切な使用法」の五篇からなっている。

最初の二篇では、近代商業社会の歴史的形成とその特徴とが考察されている。すなわち、アメリカ航路開発に続く三世紀のあいだに生じたヨーロッパでの変化により、近代以前の強制労働（labour）は自由な労働（industry）になった。それにともない、利己心（self-love）を動力として、農工間などに、相互的欲望を市場をつうじて充足すべき分業が拡大される。そのような商業社会では、需要、食物、人口、就業などにわたる均衡が振動し、不均衡となりがちで、外国貿易もその危険をもたらしうる。そこで、施政者（statesman）、ないしその政府がたえず商業をつうじた需要の側面に保護や統治をおよぼして共益を促進する必要があると説いている。

ついで後半の三篇では、そのような統治のためにも必要な商業社会のしくみが、もっぱら流通面を重視しつつ、貨幣、信用、利子、公信用、租税制度などについて考察されている。

貨幣については、貴金属としての貨幣を国富増進の自己目的とのみみなす重金主義の狭い発想は脱しているものの、他方で貨幣をもっぱら商品交換のための手段としてのみ扱う古典派経済学とも異なり、価値尺度、計算貨幣、流通手段、蓄蔵貨幣、世界貨幣など豊富な機能や形態にわたる分析を示している。これに関連して、すべての貨幣は流通手段として、商品の購買にふりむけられるので、貨幣量の増大は商品価格の上昇（インフレ）をまねき、その減少は物価下落をまねくとするD・ヒューム（1711-76）らの貨幣数量説は、（商品売買の必要をこえる貨幣は、流通から引き上げられうることを考慮すれば）かならずしも成り立たないことをスチュアートはあきらかにしていた。

そのさい、貨幣で取引される財貨の価格には、主要費用としての真実価値とそれをこえる譲渡利潤（profit upon alienation）とがふくまれ、その利潤部分は需要に比例するであろう、とみなしていた。利潤も発生期の資本主義に支配的であった商人資本の運動にそくして、流通面で売買差益としてえられるとする観点から理解されていたわけである。もっとも、利潤には取引当事者間の富の振動によりだれかの損失になる「相対的利潤」と異なり、労働、勤労、創意の増大にもとづいて、全体の財貨を増大する効果をともなう「積極的利潤」もあるとスチュアートは述べている。そこに、利潤としての剰余価値の源泉を生産領域に求める重農学派や古典派経済学への過渡的学説としての一面も、読みとれなくはない。

しかし、マルクスも指摘しているように、スチュアートは積極的利潤が、労働、勤労、創意の増大からどのようにして生ずるかを、理論的にあきらかにしているとはいえない。そのかぎりで、それらの生産領域での諸要因への論及も、財貨の量を増しつつ、その主要費用を引き下げ、それによって譲渡利潤の幅を増大する観点から指摘されているのであって、利潤は、基本的には流通面で獲得されるとする大枠のなかでの補足的指摘にとどまっていたと解釈することもできよう。

信用制度については、私信用、商業信用、公信用を分けて考察し、不動産担保の銀行券が発行されれば、商業社会の成長に寄与する低金利が実現されると提唱している。それとともに、国内需要の不足による不均衡が生じている場合、施政者は、租税収入をこえて公債発行による公共支出の増大を図り、需要を追加して不況や失業の解消を実現すべきであると、スチュアートは主張していた。

こうして、スチュアートの『経済学原理』は、先行の重商主義の学説のそれぞれに多少とも断片的な考察を集大成し、利己心にもとづいて動かされる商業社会の経済過程を、主として流通面から総括的に解明し、経済学の主要な全分野を体系的に提示しつつ、重商主義の経済学に合理的表現を与えた。ことに商業社会の発展の基礎をなす流通面にあらわれる商品の価格、貨幣の諸機能、利潤、利子、需要、競争などの作用や形態の分析を体系的にすすめていた。

そのなかで、自由な商業社会の自律的な運動の姿がある程度、理論的に描きだされ、しかもその需給均衡化の過程に、不均衡化による破綻《はたん》の危険が内在することを強調し、そこに国家の保護政策や財政・金融政策が必要とされることを主張している。ケインズは、みずからの発想の先駆者としてマルサスをあげているが、むしろスチュアートこそ、その意味で注目されてよかったはずである。

しかもスチュアートの考察には、商業社会の形成を奴隷制や封建制からの歴史的発展として特徴づけ、さらに商業社会の成長にも保護政策の意義が異なってゆく歴史的発展・推移があることなどに論及する観点が豊かにふくまれており、資本主義市場経済の歴史的特性やその展開に注目する視角も示されている。それは後の歴史学派の先駆としての意義をも認めてよいところであろう。

それとともに、こうしたスチュアートの重商主義経済学の総括は、やがてマルクスが、古典派経済学を高く評価して、その成果を継承・発展させる試みをすすめるさいに、古典派経済学を批判し、のりこえてゆく理論的手がかりをそこから読み取ってゆくことにもなった。埋もれていたスチュアートを発掘したマルクスの功績と学問的見識のたしかさは、経済学の歩みをたどるさいに見逃せないポイントのひとつである。

第Ⅱ章

自由放任への重農学派

1　重農主義とその背景

重農主義（physiocratie）は、一八世紀のフランスにおいて、重商主義を批判し、国富の源泉を対外商業やその保護に求めるべきではなく、むしろ生産、ことに農業に求めるべきであることを主張し、それによって重要な一学派を形成した。

そこでは、農業の健全で自然な成長を阻害している重商主義政策を廃止し、レッセフェール・レッセパッセ（なすにまかせよ、ゆくにまかせよ。自由放任）の通商政策を採用すべきであると説かれていた。こうした発想は、重商主義から古典派経済学への経済学の歩みの転換を媒介する役割を果たす。

一七－八世紀のフランスは、絶対王制のもとで、ルイ一四世（1643-1715）によるベルサイユ宮殿建設などの奢侈《しゃし》、植民地戦争などの戦費の膨張にともなう財政負担に苦しんでいた。ルイ一四世の財務長官をつとめたコルベールは、特許貿易会社をつくり、特権的王立マニュファクチュアを育成して、フランス型重商主義政策を実施し、財政を再建しようと試みた。コルベールティズムといわれたその政策のもとで、輸出工業育成のために、食料、原料を安価に維持する意図で、農産物の輸出はきびしく制限され、その価格はいちじるしく不利となり、農民には重税が課され、農業は疲弊していった。

ついでルイ一五世（1715-54）の治世には、スコットランド出身の金融業者J・ロー（1671-1719）があらわれ、発券銀行を設立するとともに、ミシシッピー流域のフランス植民地開発のための特許貿易会社の株式発行に、国債での払い込みを可能とした。そのうえでその会社は自社株買いで株価上昇をあおり、国債の負担を軽減しつつ、バブル的株式投機を膨張させるしくみをつくった。このロー・システムが一七二〇年に崩壊し、多大な経済的損失と打撃が広がった。それは、同時期にロンドンで進行していた特許貿易会社サウス・シー・カンパニーをはじめとする株式会社の設立と、それらの株式取引のサウス・シー・バブルといわれた投機的膨張の崩壊と連動する重商主義的金融恐慌をなしていた。

こうした経緯を経て、フランス経済の再建の方策が模索されてゆく。その試みは、やがて王権神授説による絶対王制への批判を、フランス革命（1789-99）にかけて、思想的に準備してゆく百科全書派（アンシクロペディスト）などの啓蒙思想の重要な一環を形成してゆく。とくに自然法を尊重する発想から、経済秩序にも人間と自然の本性にもとづく普遍的原理の実現を求め、重商主義的政策の干渉によるゆがみをとり除き、自由放任にゆだねることで、健全な活力がとりもどせるという主張を形成する。それは、子どもの成長に、親や教育による人為的干渉を極力避けて自由放任主義を求めたジャン・ジャック・ルソーの教育論などにも連なる発想であった。

この学派の名称も、もともと自然（フィジオ）の統治（クラシー）という原語に由来していた。それを重農主義と訳したのは、むしろ以下にみてゆくその学説の特徴をくみとるもので、なかなか工夫した邦訳であった。すなわち、重商主義政策に反対するにせよ、資本主義の発展がなおイギリスにくらべ立ち後れていたフランスでは、国家財政にとっても社会全体の基礎としても、なお農業に依存するところが大きかった。そのために農業の疲弊が国民経済の重大問題と意識されざるをえなかった。

そのさい、当時のフランスではなお地主と生産物を折半する分益小作農（メティエ）が圧倒的な比重を占めていた。そうした農民の疲弊は、重商主義政策により農産物の輸出が制限されて、価格が不利になっているために生じているので、その政策を廃止して自由な市場にゆだねれば、健全な再生産を可能とする良価（ボン・プリ）が回復するであろう、それとともに、フランス北部にイギリスから導入されつつあった近代的大規模借地農（フェルミエ）がモデルとして普及することが望ましいと重農学派は考えたのである。

さらに、社会の統治にあたる国王や貴族などの主権者や土地所有者たちを支える経済余剰は、農業において、土地に代表される自然のもたらす「純生産物」を、土地所有者階級が地代として受け取る関係に集約される。そのかぎりで、商工業に従事する人びとは、社会的剰余としての「純生産物」を産みだすことはないとみなされた。その意味で、農業（林業、漁業、鉱業をもふくむ）のような土地に働きかける人びとと異なり、商工業者たちは不生産的階級をなしていると考えられた。

2　ケネーの経済学

ほぼ、このような観点にたって、この重農学派を領導した理論家がフランソワ・ケネー（1694-1774）であった。

ケネーは、パリ郊外の農民の子として生まれ、外科医の書生として苦学の末に開業医として成功した。さらに、一七四九年にルイ一五世の寵姫《ちょうき》ポンパドール夫人の、ついで国王の侍医となり、ベルサイユ宮殿の中二階に居室を与えられ、そこで貴族として暮らすようになった。その居室をサロンとして、ディドロやダランベールらのアンシクロペディストのパトロン役もしながら、フランス経済再生に向けて新たな重農学派的思索を深めていた。

その思索を凝集させて、主著『経済表』（1758）が執筆される。ただし、この著作は、初版も翌五九年春の第二版もごく少部数印刷されただけで、原テキストはいまだ発見されていない。同じ五九年の秋から冬に出版された第三版までは、その主内容をなす「経済表」がかなり複雑で難解であった。そのため、一七六六年に著者が「経済表の分析」として簡素に書きあらためた内容が、その核心を伝えるところとして流布している。

そこでは、当時のフランスよりいくぶん多い三〇〇〇万人の人口の社会が想定され、「農業の最高の発展段階」において、毎年五〇億リーブルの価値を持つ農産物が、経営的富の基本一二〇億リーブルを維持しつつ、恒常的価格のうえに永続的に再生産されて、各人が分相応に安心して生活しうる社会のしくみと、その配分秩序の理念的事例が分析されてゆく。その冒頭に、つぎのような三大階級が想定されている。

「国民は、生産階級、地主階級および不生産階級という三つの階級に集約される。／生産階級とは、国土の耕作によって国民の年々の富を再生させ、農業労働のための支出を前払いし、かつ土地所有者の収入を年々支払う階級である。／地主階級は、主権者、土地所有者そして一〇分の一税徴収者を含んでいる。地主階級は、生産階級が年々再生させる再生産物のなかから、その年前払いを回収し、その経営の富を維持するに必要な富を控除したのちに、この階級が地主階級に年々支払う収入、すなわち耕作の純生産物によって生活する。／不生産階級は農業以外のサービスや労働に従事するあらゆる人民から形成されているが、その支出は、生産階級および地主階級から支払われる。なお地主たち自身は、その収入を生産階級からひきだす」（引用文中の／は改行を示す）

生産階級は、最高の発展段階に達しているフェルミエとしての大借地農業者に代表されており、そのもとで雇用されている農業労働者もそのなかにふくまれている。地主階級におけるる主権者は絶対君主としての国王をさしており、一〇分の一税徴収者としてのカトリック教会とその僧侶たちも中世以来の教会領の農地の所有者として、地主の重要な構成部分にあげられている。不生産階級には、商工業者がふくまれている。

農業に従事する生産階級は、経営的富の基本として一二〇億リーブルを有するが、そのうち年々の農業労働者の生活の維持に用いられる「年前払い」は二〇億（以下単位はリーブル）で、道具や設備などの永続的な固定資本にあたる「原前払い」には一〇〇億があてられている。原前払いの年々の損耗を補塡するためには、原前払いの「利子」が年一〇億必要と想定されている。しかし、この「利子」は、投資への収益というより、損耗分の補塡として、減価償却にあたるものと理解しておくべきであり、その額にあたる道具などの不生産階級による工業品の購入を要するものと扱われている。

そこで、生産階級は、年前払い二〇億と原前払いの「利子」一〇億とを毎年費消して土地に働きかけて、五〇億の農産物を産みだす。その差額二〇億は、純生産物（produit net）であり、それは土地に代表される自然の贈り物であり、「土地が富の唯一の源泉である」ことを示す。この純生産物の二〇億の収入は、土地が産みだすものであり、その源泉である土地を所有する地主階級に地代として支払われ、帰属するのが自然の秩序とみなされる。

これにたいし、不生産階級は、毎年はじめに一〇億の貨幣を年前払いとして保持して、一〇億の食料などの生活手段と一〇億の原料とをともに生産階級からの農業生産物として購入し、使用して、年々二〇億の製造品などを産出するが、それをこえる収入となる純生産物は生じない。そこには生産階級について想定されていたような原前払いやその「利子」も想定されていない。かなり大規模な原前払いをともなう、いわば資本主義的大借地農が想定されていた農業にくらべ、商工業などの不生産階級は、小規模な自営業的商人や手工業職人などがなお支配的であるとみなされていたことがうかがえる。

経済表の範式

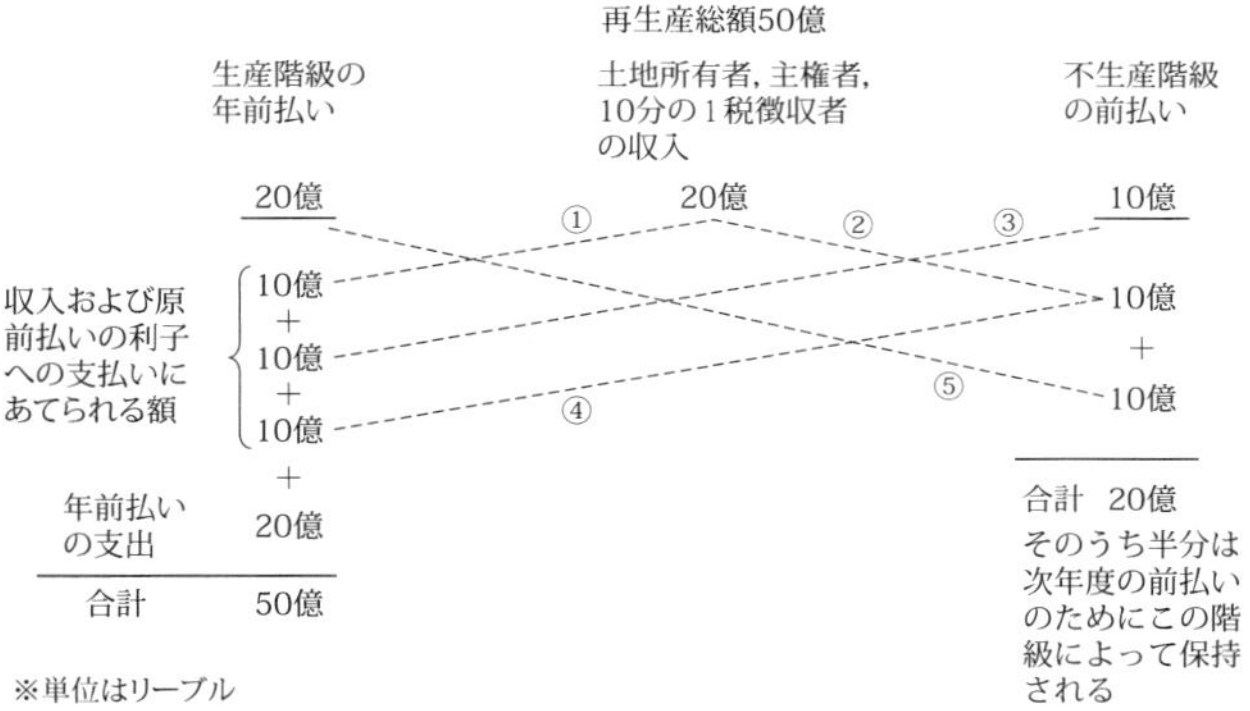

※単位はリーブル

いずれにせよ、このような三大階級からなる社会において、貨幣を介しての支払いや取引をつうじて、毎年の生産物が諸階級に配分されてゆき、前払いとして支出された貨幣や生産物が、次年度に同様の諸条件を整えてゆくことができる。それを社会的な再生産のしくみとその法則的秩序として、事例的に考察することが、ケネーの「経済表」の課題をなしていた。その範式は、上記のように図示されている。

この経済表は、ほぼつぎのように読みとることができる。まず、毎年のはじめ（期首）に、各階級はつぎのような条件を有している。

すなわち、生産階級は原前払いとして（表には示されていないが）農機具や設備一〇〇億を現物で所有し、これに加え、年前払い二〇億を貨幣で保有する。そのうち原前払いについては、年間の損耗分にあたる一〇億を「原前払いの利子」として現物で年末までに補塡しなければならない。年前払いにあてられる貨幣は、農業階級の生活維持にあてられるので、生産階級内の今年の農産物を（借地農業者間や農業労働者との間で）相互に取引することで、年末までに貨幣形態で回収される。その意味で、この二〇億の年前払いは、他の階級との取引に破線で結ばれなくてもよい。破線⑤の不生産階級からの購入は、実は原前払いの現物での補塡（「利子」）関係を表示するものとなる。

地主階級は、前年度の生産階級からの純生産物の売り上げにもとづく二〇億を収入として保有して、今年の生産物の購入にあてる。不生産階級は、年前払いとして一〇億の貨幣を有し、今年の生産と生活をはじめる。

こうした期首の条件をもとに生産を開始して、年間で生産階級は合計五〇億の農産物を、不生産階級は二〇億の工業製品などを産出する。五〇億の農産物には、年前払いと原前払いの補塡（「利子」）にあてられる三〇億とそれをこえる純生産物の二〇億とがふくまれている。不生産階級の産出する二〇億には、年前払いとして生活に必要な食料などの農産物の購入にあてる一〇億と、原料として用いる農産物を購入するために必要な一〇億をこえる純生産物ないし収入部分はふくまれない。生産階級の産出する五〇億と不生産階級の産出する二〇億とは、年末までにどのように取引されて、どこに配分されてゆくか。またその結果、期末に期首と同様の条件が整えられ、次年度への社会的再生産の反復が可能とされてゆくか。五本の破線がそれを分析している。

まず、地主階級がその奢侈的生活をみたしてゆくために、すでに収入としてえている二〇億の貨幣を支出して生産階級から食料などを一〇億、不生産階級から衣類、調度品などを一〇億購入する（破線①、②）。不生産階級は、年前払いの一〇億で食料などの農産物を生産階級から購入し（③）、地主階級に販売する一〇億の製品を産出しつつ、その代金（②）を地主階級からえた後に、農産物原料の購入に支出し（④）、食料と原料あわせて二〇億の農産物を消費して、二〇億の工業製品を産出する。地主階級に販売する一〇億の残りの一〇億の製品は、生産階級の原前払いの補塡（「利子」）にあたるものとして生産階級に販売される（⑤）。

こうした生産物の取引の結果、不生産階級は、二〇億の製品を売り上げ、その代金のうちの一〇億は生産階級に支払うが、残りの一〇億は、貨幣として次年度の前払いにあてるために保持できる。しかし、この階級は、生活手段と原料として消費する二〇億をこえる剰余ないし収入は産みだしていないことになる。

他方、生産階級は、原前払いの損耗分（「利子」）一〇億と年前払いとしての二〇億とを消費して五〇億の生産物を産みだす。唯一の富の源泉としての土地に働きかけて自然の贈り物としての純生産物の二〇億の剰余があわせてえられるためである。

合計五〇億の農産物のうち、地主階級に一〇億（①）、不生産階級に二〇億（③、④）の食料や原料が販売されるが、その代金のうち一〇億の貨幣は原前払いの現物補塡（「利子」）のため、不生産階級に還流する（⑤）。残る二〇億の貨幣が、土地から生じた収入とみなされ、年末に地代として地主階級に支払われ、次年度に今年度と同様の地主階級の支出を可能とする。生産階級がこうして他の階級に販売する三〇億の農産物を除く、二〇億の農産物は年前払いの貨幣を介し、同じ階級内の相互取引を介して、費消され、その相互取引の結果、年末には同額の二〇億の貨幣が次年度への年前払いとして回収されていると考えられる。

ほぼ、このようなケネーの経済表は、市場経済にもとづいて組織されている、社会全体の再生産と流通とを総括的に分析し、主要な諸階級の富と所得がどのように維持されてゆくかに、構造的な考察を開拓するものとなった。それによって、重商主義が商人的資本の支配する流通面に富と所得の源泉を求め、その保護育成を国民国家の基礎として重視していた偏りに反対し、農業を重視しつつ、広く生産活動に富や所得を形成し維持する基盤があることに、経済学の関心を向ける重要な役割を果たした。

それとともに、社会の健全な再生産の自然法的秩序が、重商主義的政策の干渉により、阻害され疲弊するおそれが強いことに警告を発した。たとえば、人為的な農産物輸出の禁止による農産物価格の不利や、重税が再生産の基本条件を破壊することに憂慮を示し、貿易などの取引の自由化による良価の回復維持、土地単税論などに示される、自由主義政策を反重商主義の観点で提唱する経済学の重要な流れを開くことにもなった。

3 チュルゴーによる拡充

ケネーの経済学は、M・V・R・ド・ミラボー（1715–89）、デュポン・ド・ヌムール（1739–1817）など一連の重農学派の理論家に継承され、アンシクロペディストによる啓蒙思想の重要な一翼を形成し、フランス革命にも促進的影響をおよぼしてゆく。

その後継者たちのなかでも、A・R・J・チュルゴー（1727–81）の役割は大きかった。彼はパリ市長の貴族の家に生まれ、ソルボンヌに学び、ケネーの影響下に、リモージュ県知事（1761–74）、さらには財務長官（1974–76）として、土地単税制、自由通商、農業の奨励、貴族、地主、僧侶らの特権の縮減・廃止などにつとめたが、保守的貴族らの反発にあい、失脚した。

その主著『富の形成と分配に関する省察』(1769–70)は、農業労働者がその生活に必要とする農産物をこえて生産する剰余は、「自然の贈り物」であるとみなし、ケネーの基本的視点をひきついでいる。とはいえ、つぎのようないくつかの論点で、ケネーの学説を拡充している。

すなわち第一に、ケネーをはじめ多くの重農主義者たちが、地主階級の土地所有権を自然法にそった自然的秩序とみなしていたのにたいし、チュルゴーは、「耕作者が地主を必要とするのは、耕作者の占有した土地の所有権をその相続人が耕作をやめる場合でも相続人のものとして保証してきた人間の慣習と市民の諸法とに従うからでしかない」と説く。先行する奴隷制、封建制とあわせてそこに歴史的省察が加えられている。同時に、特権的な土地の私的所有権も動かせない自然権ではなく、社会的慣習と法制度によるものであるかぎり、その変革もありうるという含意も読みとれる。しかもみずからの行政改革も、その含意にそって試みていたのであった。

第二に、ケネーの経済表の三大階級の区分は、名称を多少変えつつ継承してはいるが、チュルゴーは、農業階級と商工階級との双方に、あらためて資本家と賃金労働者との区分を明示的に導入している。それによって、古典派経済学以降の近代社会の資本家、賃金労働者、土地所有者の三大階級論に経済学の歩みが大きくひらかれてゆく。そのさい、「労働者の賃金は、労働者間の競争によって、生活必要費額に限定される。労働者のえるところはわずかに生命を維持するにすぎぬものである」と述べて、後に（リカードからラッサールが引き出したとされる）いわゆる「賃金鉄則」にごく近い見解が提示されていた。

それとともに第三にチュルゴーは、農業であれ、商工業であれ、資本家の所有し、前貸しする貨幣、ないし貨幣資本は、土地を購入し地代をえることもできるのだから、「その額に等しい収益を生ずる土地と等価物であり」、利子を要求する権利があることを認めた。

そのさいの「利子」は、ケネーの原前払いへの「利子」とは異なり、資本の（現物での）損耗分の補塡に要するものではなく、地代と同様の剰余ないし収益として、受けとられる利潤ないし利子と解釈することができる。それとともに、社会の収入としての剰余は、ケネーの経済表では、すべて地代として地主に帰属し、したがって社会的生産の拡大をもたらす蓄積は、地主の収入からの生産的支出に期待するほかなかった。これにたいし、チュルゴーになると、資本が利潤ないし利子として取得する収入が、再投資されて資本の蓄積、成長がうながされるしくみが明確にされた。

こうしたチュルゴーによるケネーの経済学の拡充は、あきらかに一方で、絶対王制のもとでの貴族的土地所有者階級の特権的地位を打破して、自由で平等な市民社会の実現を求めるフランス革命を導く、啓蒙思想の重要な一環としての重農学派の進歩的役割を前進させるものとなった。他方で、次章で述べるA・スミスによる古典派経済学の体系化に、顕著な影響をおよぼすことにもなった。

4 重農学派の意義と限界

ケネーが創始し、チュルゴーが拡充しつつ、経済政策としても実践を試みた重農主義の経済学は、流通での差益を重視した重商主義の観点に反対し、生産活動、とくに農業の意義を強調し、絶対王制のもとでも、過度の重税や関税によるその疲弊を強くいましめる政策的観点にたっていた。

当時、フランスと同様に、なお農業に多くを依存していた、ドイツのバーデンの国王フリードリッヒ、イタリアのトスカナのレオポルド二世、スウェーデンのグスタフ五世、ロシアのカタリナ二世などは、重農主義に感銘をうけ、多少ともその実践を試みた。

そのような重農主義は、一方で、重商主義に反対し、自由通商を求め、農業の資本主義的発展をも期待しながら、他方で、古い封建制に由来する貴族、国王、僧侶などの特権的土地所有者階級の立場を容認していた。その意味で、いわば封建社会から資本主義への過渡期を反映する両面性を示していた。それは、絶対王制が、都市部のブルジョアジーの台頭と農村部の封建遺制との勢力均衡のうえに成り立ち、維持されていた、当時の社会構造の特性を映しだしてもいた。

ことにケネーにおいては、土地に代表される自然の贈り物として、農業による純生産物が、社会の唯一の剰余収入をなし、しかもその全体は、土地所有者階級に地代として帰属することが、自然の秩序をなすと想定されていた。それは封建制度のもとで、大多数の生産者が農奴として産出している剰余生産物のすべてが、封建地代として、土地所有者階級に搾取されていたしくみに内容上ごく近いところでもある。

その意味では、重農主義は、封建社会のなかで、農本主義といわれていた経済思想とも通底するところがあった。たとえば、荻生徂徠（1666–1728）が「本を重んじ末を押さえるということ、これ古聖人の法なり。本とは農なり、末とは工商なり」（『政談』）と述べている考え方は、封建社会において、どこにでもみられた発想であろう。それは、共同体と共同体の間をつなぐ商業や、そのための工業の発達が、封建社会の基礎をなしていた農村共同体のしくみにたいし、浸食作用や破壊作用をおよぼすからであろう。

資本主義近代は、一六世紀以来の世界市場の形成にともなう商人的資本の発展により、西ヨーロッパの農村共同体が浸食・解体され、都市部に新たな商工業の興隆をもたらす歴史過程をなしていた。重商主義は、その発展面を担う商人資本の利害を、その基礎となる手工業の発展とともに、擁護し、促進する政策体系を主張するものとなっていた。

商人資本的観点からの通商ないし流通重視の重商主義的理論と政策に反対する、生産重視の経済学が、なお農業に多くを依存し、しかもそこに封建遺制を残しているフランスのような社会に生ずるさいに、農本主義にさえ通底する面をふくんだ重農主義の理論と政策となったわけである。

重農主義の経済学は、他方で、人間主義的啓蒙思想の一翼を担い、チュルゴーによって、資本主義的生産関係と投資や蓄積を広く全産業に認めつつ、封建遺制の土地所有者階級の特権を自然権として絶対視しない理論と政策に、拡充されてゆく。それも、経済社会の進展の方向にそったことと理解できる。しかしまた、そのチュルゴーの政策が、貴族的特権階級の反発を買い、彼の失脚をまねいたのも、革命直前の絶対王制下ではやむをえざる結果でもあった。

なお、資本主義がイギリスをはじめ先進諸国の全産業に発達してゆくなかで、都市の商工業にたいし、農村部には、ケネーやチュルゴーが期待していたような大規模な資本家的借地経営の形態がかならずしも全般化せず、先進諸国でも農業は基本的には、家族的経営にゆだねられている場合が多い。それは土地の耕作と収穫にともなわざるをえない季節的繁閑に、恒常的雇用関係が望ましい資本家的経営が適さないこと、さらには短期的利潤を重視する資本家的経営では耕地の土壌成分や自然環境に荒廃作用が生じることなどによる。

そこで、都市圏を中心とする商工業などの資本主義経済の発展にともない、農産物は輸入に依存する度合いが高まり、国内の農業、農民、農村をどのように荒廃や貧困、さらには過疎化問題から守ってゆけるかが、広く農業問題として、くりかえしさまざまな歴史的文脈で重要な社会的、政策的問題となり続けてきている。

現代の日本でいえば、TPP（環太平洋連携協定）をめぐるアメリカとの交渉で、農産物重要五品目の輸入規制を守ることができるかどうかということであろう。日本の農業、農村、農家の存続に重大な脅威が生じている。ケネーらの重農主義とは、農業の利害が、通商の自由化案をめぐり、現代日本ではあきらかに逆の立場にあることにも注意しなければならない。

とはいえ、自然の贈り物をもたらす土地の多産性が大切な社会の基礎であるという重農主義者の観点は、よく耕された肥沃な土地一グラムには、数千万から一億の生命体が生存しているといわれることからも、そこからの生産物に依存して生命を維持するわれわれ人間にとって、頼りにできる安全な食品の基礎としても、いまなお十分に尊重されてよいところである。それは、広くいえば大気と水と食材などの生態系的循環をめぐるエコロジー問題に、資本主義の発展とそのもとでの農業の変容が、どのような関わりをもつか、まさに現代の枢要な検討課題に直接連なりうる観点ともいえるであろう。

こうした農業重視の経済学としての一連の特性と、いくらか離れたこの学派の意義と限界として、さらにつぎの二点をあげておこう。

すなわち第一に、ケネーの経済表には、主要な生産部門と諸階級のあいだに、貨幣の通流を媒介として、生活手段と生産手段の年々の生産と配分が、社会的再生産の構造的関係をどのように可能とするか、その総括的分析への手法が、はじめて提示されていた。それは、農業のみが剰余を生み、さらにその社会的剰余の全体を地主階級が地代として受けとるといった、ケネーの重農主義的見解から分離しても、経済学の貴重な理論的貢献としての意義を認めるべき成果であった。

後に一九世紀には、マルクスがその成果を重農主義的偏りから解放して、再生産表式として再構成し、あらゆる社会につうずる経済の再生産の原則が、資本主義的市場経済のもとで、どのように法則的につらぬかれてゆくかを解明することとなる。そのマルクスの再生産表式の分析に示唆をえて、二〇世紀にはW・レオンチェフ（1906–99）が産業連関分析の手法を開拓している。それらはケネーの経済表に端を発する学派をこえた理論の継承展開の事例をなしている。

それらをつうじ、現代資本主義にとっての興味ある理論問題のひとつは、ケネーもマルクスも剰余が再生産の拡大にあてられない単純再生産を、社会の維持存続の原則の考察基準として重視していることである。それは、経済社会のあり方として、あくまで成長拡大すべきものとみてゆくべきか、あるいは質的変化や発展はあるにせよ、むしろ一九九〇年代以降の日本のようなほとんどゼロ成長の定常的社会もまた、少子化や資源・エネルギー・自然環境の制約のもとで、経済生活上の原則を充足しつつ存続してゆける秩序とみなしうるのか、という現代的問題に、ある観点から理論的示唆を与えていないであろうか。

第二に、ケネーやチュルゴーが想定していたように、自由通商による需給関係にゆだねておけば、おのずから農業にも商工業にも、その従事者に安心のゆく経済生活と事業継続のための健全な費用の補償が、各生産物の「良価」として約束されることになるかどうか。これに正確な解答を与えるためには、市場経済における価格の決定の原理が、価値論として必要とされるであろう。重農学派は、重商主義に対立して、生産を重視していたのであるが、その基本的視点に関連する価値論を十分に用意していたとはいえない。そのかぎりでまた、農産物にだけ社会的剰余をもたらす「良価」が自由放任の市場でなぜ成立するのかも、正確には解明しえなかった。その意味で、価値論と剰余価値論とに重大な理論的限界を残していたといえよう。

第III章

労働価値説にもとづく古典派経済学

1 古典派経済学の形成

古典派経済学（Classical School of Political Economy ないしは Classical Economics）は、経済学の歩みのなかで、重商主義、重農学派に続いてあらわれた重要な第三の学派をなしている。その範囲と特徴をどうみるか。

マルクス（1867）は「W・ペティ以来の、ブルジョア的生産関係の内的関連を探究する経済学のすべてを、俗流経済学と対立させて、古典派経済学とよぶ」（訳書①、一五〇ページ）と述べていた。俗流経済学は、これに反し、その生産関係の外観上の関連をさまよい、資本家的観念のもっともらしい説明に終始している、とみなしていた。

ケインズ（1936）は、古典派経済学という名称がマルクスによって発明されたことを認めつつ、「おそらく語法違反ではあろうが」マーシャル、エッジワース、ピグーらも、リカード経済学を継承した人びととして、古典派経済学にふくめるとした。しかし、それは理論的基礎があまりに異なる経済学を同じ名称にくくる無理をおかすもので、その意味で、やはり語法違反となっている。最近ではマーシャルらの限界理論によるケインズ以前の経済学は、新古典派ミクロ経済学とよぶようになっている。

これにたいし、イギリスにおいて、ペティにはじまりリカードにおいて頂点に達する古典派経済学は、労働価値説にもとづく資本主義経済の内的関連を考察する特徴を有していた。その観点からみると、いくつかの問題関心の共通性から、マルサス、セー、シスモンディなどまで古典派経済学にふくめるとり扱いも、やや広すぎる用語法ではなかろうか。マルクス（1859）自身が、フランスではボアギュベールにはじまりシスモンディに終わるとみている古典派経済学の系譜の解釈も、また多少広すぎるおそれがある。古典派経済学の本流は、アダム・スミスとリカードを生んだイギリスにあったと思われる。

その背景には、資本主義がしだいにイギリス社会において先進的に発達するようになり、小商品生産者を広く解体し、フランスなどにさきがけて産業革命を生じ、資本家と賃金労働者と土地所有者との三大階級の相互関連を主軸に自律的成長をすすめる傾向がはっきりみとおせるようになってゆく現実的推移があった。

実際、資本主義経済が確立され、産業資本の自立的発展が開始されれば、重商主義が重視していたような外国貿易を担う商人資本の利害や、そのために役立つ産業の保護・育成のための関税政策、さらには地主的利害を守る穀物関税なども不必要となり、阻害要因とさえみなされて、自由貿易を推進する古典的自由主義が、経済政策の基調として主張され、実現されてゆくようになる。そのような時代の流れを反映しつつ、それを予見しリードする役割を古典派経済学は担うこととなる。

そのような歴史的位相において、重農学派のレッセフェール（自由放任主義）の主張に共鳴し影響をうけながら、農業以外の商工階級は不生産的と規定していた重農学派の視野の狭さをのりこえて、古典派経済学は歩みをすすめた。それは、すべての産業に賃金労働者の雇用関係が全面化する資本主義社会を想定しつつ、年々の労働にもとづいて、賃金、利潤、地代としての近代社会の（賃金労働者、資本家および土地所有者からなる）三大階級の経済的基礎となる所得全体が産みだされ配分されてゆく、自由な商品経済社会のしくみをあきらかにする理論体系を構成してゆく試みをなしていた。それによって重商主義に代わる、自由主義政策の論拠を、より広い産業的基盤にもとづいて示そうとしたのである。

この学派の形成も大きくみれば、一七 - 八世紀以降の啓蒙思想の経済学における展開を示していた。すなわち、そこでは中世的な神の支配から解放された、自由な人間の主体性、創造性に信頼をよせつつ、その活動をつうじて、自然的で自由な秩序が調和的に実現されることを期待していた。その発想のもとで、市場経済社会の考察がすすめられてゆく。ヒューマニズムとそれにもとづく近代自然法思想に依拠しつつ、産業革命により確立されてゆく資本主義経済のしくみを、一面ではやや先取り的に理想化しつつ、理論的に考察する試みが重ねられていったといえよう。

そのさい、この古典学派の重要な支柱をなしていったのが労働価値説であった。たとえばW・ペティの『租税貢納論』(1662)は、当時のイギリスの財政再建のために国家の経費とそれをまかなうべき公平で合理的租税制度を論じながら、その余論として、地代、利子、分業、貨幣などの理論に論及して、そのなかでつぎのように労働価値説を主張している。すなわち、ある人がある期間中に経費を除いて産出する一定量の純生産物としての穀物が、どれだけの貨幣としての銀に値するかは、別の人が同じ期間中に経費を除いて純産出物として生産する銀量に等しくなるものと考えられる、というのである。もっともペティは、「土地が富の母であるように、労働は富の父であり、その能動的要素である」として、とくに地代は土地の自然力によるとみなし、その面では労働価値説を価値ないし所得の源泉論として徹底していないところもあった。

アメリカ独立宣言起草委員の一人となったB・フランクリンも『紙幣の性質と必要性についての一考察』(1729)において、「商業は一般に労働と労働との交換にほかならない」と労働価値説にあたる見解をより明確に述べていた。それはイギリスにくらべ、土地所有や地代の意義が小さかったアメリカ社会の特性を反映していたとも考えられる。

イギリスの市民革命を完成させた名誉革命（1688）に理論的基礎を与えたジョン・ロックが、『市民政府論』（1690）で、基本的人権の一環としての私的所有権を合理化する論拠として、つぎのような労働所有権論を主張しているのも、労働価値説につうずるところがあった。すなわち、「人はだれでも自分自身の一身については所有権をもっている。……彼の身体の労働、彼の手の働きは、まさしく彼のものであるといっていい」。そこで彼が自然から労働を加えてとりだすものは「彼の所有となるのである」（訳書、三三一－三三ページ）、「すべてのものに価値の差等を与えるのは実に労働にほかならない」（同、四六ページ）と。

こうしたロックの労働所有権論は、マルクスが『剰余価値学説史』（1965-68）において述べているように、「ブルジョア社会の法律的表象の古典的表現をなしていた」（訳書③、一三一ページ）。それは、古典派経済学全体の発想の基礎ともなり、ヘーゲルの『法の哲学』（1821）にも継承されている。だが、マルクスも指摘しているとおり、土地はだれかの労働によりつくりだされたものとはいえないので、土地の私的所有権には労働所有権論はほんらい妥当しないところが残る。にもかかわらず、近代資本主義社会は歴史的には土地の私的所有化を基本前提として、私有財産制を一般化する傾向を広げ続けてきた。その根本的正統性をいったいどこに求めるのか、興味ある問題をなしているのではなかろうか。

2　アダム・スミスの体系

A・スミス（1723-90）は、スコットランドに生まれ、グラスゴー大学、ついでオックスフォード大学で学んだ。

一七五一年には、母校グラスゴー大学で道徳哲学を担当するようになり、一七五九年には『道徳感情論』を出版し、好評を博した。その後、バックルー侯爵の家庭教師として一七六四年から二年半パリに滞在し、D・ヒュームの若い友人として、啓蒙思想家、とくにチュルゴーらの重農主義者の歓迎をうけ、経済学に興味を向けるようになる。それをきっかけに、帰国後、九年余りをかけ、主著『国富論』（1776）を出版し、古典派経済学の体系を確立した。

この著作は、後年リカードが、二七歳の頃、妻の病気療養に温泉のあるバースに行って一読し、たいへん満足感をおぼえた、と述懐している。実際、平易な語り口で、豊富な例証をあげ、だれにでも読みやすく親しみやすい名著である。しかも経済学の原理を考察する第一・二篇、ローマ以来の経済史をふりかえる第三篇、「経済学の諸体系」を学説史として説く第四篇、財政学にあたる第五篇と、経済学の主要な諸分野を、市場経済と人間性やその社会関係との関わり方をめぐり、包括的に、深く洞察する魅力もそなえている。経済学がゆきづまると、そこに戻って根本から修復を図りたくなる、母港の役割を果たし続けてきているのもうなずける。

そこでは、徹底した商品経済社会を想定して、あらゆる個人が「自分自身の利得だけを意図して」ふるまいながら、an invisible hand（見えざる手）に導かれ、結果的には社会全体の生産物をできるだけ多くし、公共の利益、幸福を促進することになると述べている（訳書II、一二〇ページ）。予定調和論としてよく知られているところである。キリスト教世界の伝統を継ぐ理神論（deism）の発想もうかがえるところで、an invisible handを「神の見えざる手」としていた邦訳もあり、それも不適訳とはいえない。

その観点からみれば、重商主義は、外国貿易やそのための一部の産業の利害を保護育成することに偏り、自然的自由の秩序の実現を人為的に阻害していた。これにたいし、スミスは、商品経済社会による自然的自由の秩序を実現するには、重商主義的諸政策を廃止して、主権者（国家）が果たすべき義務をつぎの三項にかぎるべきであると説いている。

第一は、社会を他の独立の社会の暴力や侵略から守ること。第二は、社会の成員を他の成員の不正や圧制から保護する司法制度の維持。第三は、個人では実現できない社会全体にとって利益となるような公共土木工事（同、五一一ページ）。これが、後に夜警国家論といわれる自由主義の経済政策論の原型にほかならない。

読み直してみると、夜警国家といわれるほど国家の役割を小さく限定はしていない。国家による防衛力（軍隊）、公共事業をどのような規模で維持すべきか、主権者ないし施政者の政治的判断で左右される幅もかなりありそうだ。とはいえ、その重点は、大商人や特定産業保護のための重商主義的な植民地政策や関税政策を排除する主張にあった。

その意味で、市場経済の競争的活力と予定調和に大きな信頼をよせ、重商主義に反対し、国家の経済的役割を縮小しようとするところに自由主義政策の発想の基本がおかれていた。その発想は、現代の資本主義が一九七〇年代初頭に第二次世界大戦後の高度成長のゆきづまりから深刻な危機を迎えたさいに、一九七九年に発足したイギリスのサッチャー政権からはじまり、一九八〇年代以降の主要資本主義諸国の経済政策の基調となっている新自由主義の政策に再現しているともいえる。しかし、現代の新自由主義は、それに先行する高度成長期に冷戦構造のもとで、社会主義に対抗しつつ、先進諸国で支配的経済政策の基調をなしていたケインズ主義的雇用政策や、社会民主主義的福祉国家への歩みを逆転して、小さな政府を再建しようとしている。この歴史的文脈の違いは無視されてはならないであろう。

とはいえ、『国富論』に古典的定式化をみた自由主義は、経済政策として、興味あるいくつかの特質を有している。

第一にそれは、重商主義に代わり、産業革命後に「世界の工場」として発展するイギリス産業資本の利害を代表しつつ、一九世紀の資本主義世界に支配的政策として普及してゆく自由貿易主義を中核とする政策体系をなし、やがて一九世紀末からは帝国主義の政策にとって代わられてゆく。その意味で資本主義の世界史的発展段階のひとつをあらわしている。

とはいえ、第二に、自由主義はまた、市場経済にもとづく資本主義の基本的イデオロギーをなしている政策思想でもあった。個人の責任で利己心にもとづく取引をすすめる市場経済のしくみを全面化してゆく資本主義社会では、その発展のどの段階にも、かならずしも支配的政策基調とならないまでも、いわゆる民間活力の尊重を求める自由主義的政策思想は、姿を変えてくりかえされ、存続しやすい。その意味で、重商主義がなお支配的段階にも、トーリー自由貿易論、重農学派のレッセフェールの主張、ついでスミスの自由主義政策の古典的定式化が、時代の変化を予想しつつ、展開されたのであった。現代の新自由主義も、多くの不整合や無理をともないながら、こうした資本主義の基本イデオロギーに根ざしている強さを有している側面を無視してはならないであろう。

第三に、自由主義は、国家の経済政策を縮小しようとする経済政策であり、いわば政策をやめようとする政策である。その点で、きわめて特殊な政策体系をなしているともいえる。その根拠は、なによりも市場経済を自然的自由の秩序とみなし、そこに予定調和を期待する理神論的自然主義の発想におかれていた。しかし、それとあわせて、市場経済が、社会全体の所得とその調和的配分を、年々維持再生産し、成長してゆくしくみについての理論的考察が、その主張の論拠として求められていた。その意味では、自由主義の政策思想は、資本主義市場経済の体系的理論化をうながす役割を有してもいたのである。

『国富論』はそのような文脈で、経済学の基礎理論を、その第一・二篇で体系的に展開している。それとともに、経済学の原理的体系が、重商主義の場合のように国富増進の方策をめぐる政策論に付随する位置において、多少とも断片的に論じられているのではない。資本主義経済の基本的しくみとその成長の原理自体を考察する学問として、政策論から分離されて、冒頭部分に経済学の原理がまとめて提示展開されるようになったわけである。

その「序論」は、まず「国民の年々の労働は、その国民が年々消費する生活の必需品と便益品のすべてを供給する源であって、この必需品と便益品は、つねに労働の生産物であるか、またはその生産物によって他の国民から購入したものである」と説きはじめている。重商主義は、貿易などの流通をつうじ、貨幣を富の代表とみなし、国富の増進を図っていた。その発想を転換して、労働を源《みなもと》とし、労働の生産物こそが国富の内実をなすと再規定し、国富増大の原理に考察をすすめているのである。以下、その特徴的論点を、分業論、価値論、蓄積論について手短かにみておこう。

(1) 分業論　第一篇の最初におかれているのが、労働の生産力改善の原因としての分業の効果である。それがその後の全篇をつらぬく主題とも読めるので、『国富論』は分業の経済学ともいわれる。スミスによれば、当時のピン製造マニュファクチュア（工場制手工業）では、一〇人の職人が一八の別々の作業を分業でこなして、その結果、一日に四万八〇〇〇本、一人あたり四八〇〇本のピンを産出している。だが、もし彼らが別々に働き、全行程を担っていたなら、「一人あたり一日に二〇本のピンどころか、一本のピンさえも作ることはできなかったであろう」。分業の効果が、この事例では、労働生産性を二四〇倍から四八〇〇倍も増進したことになる。

なんとも平明な叙述である。それに続く、こうした分業の効果を生む三つの事情の分析も興味深い。分業によりそれぞれに分割された単純な作業に従事すると、第一に労働者の技能が改善される。第二に、ある仕事から別の作業に移るさいに、最初は気がのらず、空費される時間が省かれる。第三に、それぞれの作業に適した道具や機械設備の改善もおこなわれやすい、というのである。これもわかりやすいが、とくに作業の転換にあたり時間が無駄になりやすいといった指摘は、日常的な経験からもうなずけるところで、道徳哲学の講義以来、人間の心性に深い興味と洞察をよせていたスミスらしい考察である。

同様に人間の心性への鋭い洞察を示すところとして、概して楽観的な予定調和を期待する『国富論』では、めずらしく悲観的に分業の弊害を憂慮している箇所もある。それは、財政の役割を説く第五篇の第一章にみられる。分業の結果、国民大衆の仕事は、「ごく単純な作業に限定されてしまう」。そのため、おおかたの人間の理解力から、困難をとり除く工夫をこらす機会や習慣が失われ、「たいていは神の創り給うた人間としてなり下がれるかぎり愚かになり、無知になる。その精神が麻痺してしまうため、……私生活のうえでの日常の義務についてさえ、多くの場合、なにもまともな判断が下せなくなってしまう」（訳書Ⅲ、一四三ページ）というのである。

マルクスもこれを引き継ぎ、分業が多くの労働者の生産的な本能と素質を抑圧し、ゆがめて奇形化し、「産業病理学のための材料や刺激をはじめて供給する」と指摘していた。スミスはこの弊害への対策として、初等教育の普及に期待をかけていたが、マルクスは、それではまったく十分ではないとして、資本主義そのものをのりこえるコミューン社会に期待をよせていた。実際、初等教育から、中等・高等教育までかなり拡充された現代社会でも、情報技術（IT）によりむしろ自動化され、孤独な作業を分業体制で単調に反復するなかで、精神的ストレス障害に悩む人びとが増している。スミスの発想を延長していえば、初等教育だけでなく、生涯学習が、労働時間の短縮とあわせて必要であるということにもなるが、それだけでよいのかどうか。現代的にも大きな検討課題が残されているといえよう。

それはともあれ、『国富論』は、社会を富裕化する原因として、分業による生産性上昇効果を重視する観点を基本とし、その効果をもたらす分業が、作業場内にとどまらず、多様な業種、職業、職種を産みだす社会的分業にも広がっていることに、さらに注意を向けてゆく。そのうえで、多大の利益を生む分業は、社会全般の富裕を予見し、意図した人間の（設計的）知恵の所産ではなく、人間の本性にそなわる「交換性向」の緩慢ではあれ必然的な帰結なのである、と述べる。そしてこの性向が、人間の本能のひとつなのか、理性と言語という人間の能力の必然的帰結なのか、を問い、「この問題はわれわれの当面の研究主題には入らない」（訳書I、二四ページ）としている。スミスの『法学講義』（1762-63）によると、この性向は「あらゆる人がもつ説得しようとする自然的傾向」に由来するとされている（訳書、三七五ページ）。これも市場経済と人間性との関係についてのスミスらしい、興味深い指摘である。

この指摘が正しければ、分業の利益を広げてゆく市場経済のしくみは、本能でなくとも、理性や言語といった人間に普遍的にそなわる能力から生ずる自然的な秩序であり、市場経済社会は、人間にとって自然的自由の秩序をなすことになる。それゆえ、中世以前のさまざまな共同体諸社会の長い歴史も、あるいは自由な市場経済を統御し、その無政府性をのりこえようとする社会主義や社会民主主義も、ともに人為的で、自然に反する無理をともなう経済社会をなすものとみなされやすい。これが古典派経済学と後の新古典派経済学の基本に流れる自然主義の発想にほかならない。

しかしその発想は、むしろ近代以降の市場経済社会のなかで、理性や言語、さらにそれらによる他人の説得を、日常的に商品の取引、交換行為にくりかえし用いている人びとの性向を、人間一般の自然的傾向とみなす誤りをおかしているのではなかろうか。実際、中世以前の諸共同体社会の内部では、利己的な交換性向をかならずしも生ずることなく、理性や言語が豊かに機能を果たしていたにちがいないし、共同的な人間関係にたいし利己的な商行為による利益追求はむしろ抑制され、さげすまれる傾向さえあった。これからの社会の進路を考えてゆくうえでも、人間の自由は、さまざまな側面で拡大されてゆかなければならないにせよ、そのためにも市場のしくみを自然的自由の秩序として絶対視する発想から解放されることが望ましい。

たとえば、スミスが無差別にその利益を強調していた分業について、マルクスは資本主義市場経済のもとでは、作業場内分業は専制支配のもとにおかれ、社会的分業は無政府的な秩序をなし、それぞれに異なる弊害をともなっていることを批判している。こうした点でも市場経済とそれにもとづく資本主義的分業の歴史的特性を分析する観点がスミスをこえて、必要とされるわけである。

(2) 複合的労働価値説　『国富論』第一篇第四章以下で、スミスは、ほぼつぎのように分業にもとづく商業社会（commercial society）における、価値と所得配分の理論に考察をすすめている。

まず、交換性向にうながされて分業が拡大し確立した社会では、直接交換を求めるかぎり、たとえば、パン屋が交換によって肉を入手したいと思っても、肉屋はパンを欲していない場合のように、しばしば交換が妨げられる。そうした「不便」を回避するために、「世事にたけた人」から、ほとんどの人が交換を拒否しないと考えられる商品の一定量を手元にもっているようになり、しだいに耐久性、可分性のある金銀がそのような商品として選ばれ、貨幣となった。しかし、金属貨幣も、たとえば一六世紀にアメリカの豊富な鉱山の発見にともない、金銀の価値が三分の一に下落したように、その価値が変動するので、他の商品の価値の正確な尺度とならない。

他方、商品の有用性ないし効用をあらわす「使用価値」は、他の商品にたいする購買力をあらわす「交換価値」の尺度にも、原因にもならない。たとえば、水ほど有用なものはないが、その交換価値はほとんどないか、ごく小さい。ダイヤモンドはその逆の例となる。

そこで、「すべての商品の交換価値の真の尺度」は労働である。「あらゆる物の真の価格、すなわち、どんな物でも人がそれを獲得するにあたって本当に費やすものは、それを獲得するための労苦と辛労である」（訳書I、五二ページ）。交換をつうじ入手する商品は一定量の「労働の価値」をふくんでおり、それと等しい労働量の価値をふくむものと交換するのである。そこでまた、商品の価値は、その商品で「購買または支配できる他人の労働の量に等しい」とも規定される。

「序論」の冒頭で述べているところとあわせて、スミスが、ここでも労働価値説を説いていることはあきらかである。しかし、その内容は単純ではない。商品価値を、①その商品の生産に要した投下労働を源泉とし、それに規定されるとみなす側面、②それにもとづき等労働量交換を媒介するものとみなす側面、および③交換をつうじ支配できる他人の労働量と規定する側面が、短い行数のなかに複合的に示されている。それらの側面は、商品の交換価値の源泉、内実、機能、尺度といった観点をも複合的に提示することになっている。

さしあたり、「資本の蓄積と土地の占有にさきだつ初期未開の社会」（第一篇第六章）を想定してみれば、一匹のビーバーを仕留めるのに、一頭の鹿を仕留める労働の二倍がふつう費やされるなら、ビーバー一匹と鹿二頭が交換されるはずであるように、物の獲得に必要な労働量が交換の唯一の基準となる、とされる。商品経済がおこなわれているなら、さきの①②③の側面は整合的に同時に成り立っていることになる。それは、資本主義に先行して、小商品生産者のみからなる社会が想定されるなら、そこにも成り立つと思われる商品交換の法則的基準ともみなせるであろう。

では、資本が蓄積され、土地が私有化された社会ではどうなるか。

スミスは、一方で、年々の労働の産物である商品の交換価値ないし価格が、社会全体としても個別的にも、「労働の賃金、資本の利潤、または土地の地代として」、住民のあいだに分配されるようになるとみなしている。それは、さきの①の投下労働価値説にもとづき資本主義社会の三大階級の基礎をなす賃金、利潤、地代が、年々の労働の成果の分配形態をなしている、とする洞察を示し、価値分解説といえる。もっとも、スミスは、ロック的な労働所有権論にたいし、年々の労働の成果の全体が、なぜ労働者の所有と所得にならないのかを理論的に説明しているとはいえない（また、スミスは、農業者にとっての農耕用具のような資本の更新に要する価格部分も、結局は労賃、利潤、地代に分かれるものとみなし、考慮外においているが、それは、個別商品の価値と価格の分析にさいしても、あるいは年々の社会的再生産の考察にさいしても、適切でない。しかし、社会の純所得を年々の労働の成果とみる分析としては、資本の更新部分は、除外されてよいわけである)。

他方でスミスは、資本の利潤は、資本の大きさに比例してえられる価格構成部分をなし、地代は土地の自然のもたらす果実としての剰余が土地所有者に支払われる価格構成分であり、それらは労賃とは異なる原理により決定される独立の要因として、交換価値ないし価格を構成するともみなしている。その見方は、価値構成説といわれ、投下労働価値説とは異なる価値論ないし価格理論を提示するものとなっている。その文脈では、地代部分は、重農学派的に自然（土地）の贈り物としての剰余とみなされ、生産物の価格構成部分をなすと解釈される余地もある。

個別的商品の価格をつうじて獲得される平均利潤を、投下労働価値説との関係でどう説明するかも、後にくりかえし問題とされるところであった。

いずれにせよ、この価値構成説の観点では、投下労働のみを価値と所得の源泉とはみなせなくなるし、商品の交換価値は、それらに対象化されている労働量の等量交換を媒介するものともみなせなくなる。同時に、他の条件が変わらないまま、賃金が上がれば、商品の自然価格も上がるものとみなされる。

とはいえ、それら諸商品の交換価値の「真の尺度」として、それぞれがどれだけの労働量を支配できるかという、さきの③の見地からみれば、平均的時給で自然価格を割れば、社会的に意味のある支配可能な労働量での交換価値の比較の基準がつねにえられることになる。

しかし、個別商品の交換価値の決定論としてみれば、①の投下労働価値説とこの③の支配労働価値説とは相違している。どういう条件があれば、この両者の分析が、社会全体の商品の価値あるいは純所得について年々の労働の総量をあらわすものとして一致しうるか、考えてみるのもよいであろう。

（3）資本の蓄積と成長　こうした分業論、価値論をふまえ、『国富論』の第二篇は、資本蓄積論に考察をすすめている。

スミスによれば、「労働者貧民の状態、すなわち大多数の人民の状態がもっとも幸福で快適」に思われるのは、社会が富をとことんまで獲得しつくしたときより、富のいっそうの獲得をめざして前進している発展状態にあるときで、逆に「停滞状態は活気にとぼしく、衰退状態は憂鬱である」（訳書I、一三八ページ）。こうした労働者階級の幸福と社会の富の動態とを深く関連するものとみて、これに関心をよせることが、経済学の本来のあり方なのではなかろうか。現代の日本には、一九九〇年代以降の失われた二〇年に続きどうも衰退状態が恒常化しつつあり、さらに衰退状態としての憂鬱な閉塞《へいそく》感が強い。

これに反し、産業革命後のイギリス資本主義の確立・発展を目前に、スミスの経済学は、分業にもとづく富の増進をうながす資本蓄積と経済成長に楽観的期待をよせることができた。

そのかぎりで、一般に社会的な資財（ストック）の蓄積と増大が分業を促進して富の増大をもたらすものと考えられていた。ところが、社会的資財のなかには、直接消費にあてられるか、あるいは消費生活で使用される家事使用人を養うために用いられるような部分もある。それによる雇用労働は、労働生産物を商品として産出しない、不生産的労働とみなければならない。社会の尊敬すべき階級のなかにみられる、たとえば主権者（国王）、司法官、軍人、さらには聖職者、医師、文人、俳優、音楽家などの仕事の多くも、その意味で同様に不生産的労働といえる（同、三一四ページ）。

他方、資財が資本（キャピタル）として、利潤、地代などの収入をもたらすために用いられる場合には、生産的労働が雇用されて、分業による富の増進が期待できる。そこで、個人的にも社会的にも、節約によって不生産的消費や浪費を抑制して、収入をもたらす資本の蓄積をすすめることが、富の増進にとって大切である。

とりわけ公収入のほとんどが、たいていの場合、年々の生産物を不生産的人びとの維持にふり向けるのに用いられている。たとえば、壮麗な宮廷、宗教関係の大造営物の建造や、大艦隊、大陸軍などにたずさわる人びとがその例である。その人びとの数が不必要なまでに増えると、資本の蓄積は阻害され、さらには生産的労働者を維持する基金が減少し、再生産が縮小してしまう（同、五三五ページ）。

こうしたスミスの蓄積論は、あきらかに重商主義の時代の絶対王制のもとでの奢侈や、軍事費の膨張を批判して、国家の経済的役割の縮小を求める、自由主義政策を基礎づける理論となっていた。その点では、生産的労働の概念を商工業労働者にまで広げつつ、重農学派のレッセフェールの主張を継承するものとなっている。それは、勃興しつつある産業資本の利害を代表し、そのもとでの労働雇用の拡大を富の増進の源として重視する観点を示していた。

このスミスの蓄積論は、ほぼ二〇〇年をへだてて、一九七〇年代末にサッチャー政権のもとでとつぜん復活する。スモール・イズ・ビューティフルを標語に、国家の経済的役割を縮小し、公企業を民営化し、労働組合運動を弱体化し、福祉政策を削減する。さらに、企業や富裕者層への減税をすすめて、競争原理による民間活力を阻害する負担や要因を軽減することで、経済再生を図ろうとする。こうした一連の新自由主義政策が、この政権以降、先進諸国にあいついで導入されてきた。スミスが重商主義に反対して主張していた政策論が、その基礎とされた蓄積論とあわせて、現代資本主義のもとでの社会民主主義的労資協調、福祉国家、公企業拡充、雇用政策などを批判し、反転させる新自由主義を導入するさいに想起され、再活用されたわけである。

その歴史的な文脈の相違や意義については、あらためて検討を加えなければならない。しかし、経済学とそれにもとづく政策論の五〇〇年の歩みには、ときとしてこのような大きな発想の回帰がみられる。なぜそうなるのかも興味ある問題といえよう。もっともそのさい、スミスの生産的労働の規定は、重農学派より拡大はされているものの、なお市場で所得をもたらす有体物（ないし物体）の生産活動に概して限定されているように読めるところが多い。これにたいし、現代的には、電気エネルギーのような非有体物の産出はもとより、運輸労働、対人サービス、さらにはそれらの（貨幣所得を生まない、家事などのような）非市場労働などまで視野におさめて、生産的労働の概念を考えなければならなくなっている。どのような文脈でどのような範囲をふくむものとして、その概念を用いるか、さまざまな拡張可能性が示されるようにもなってきているといえよう。そのことにもさしあたり注意しておきたい。

3　リカードの経済学

世界に重要な理論的示唆を与えている経済学者で、大学の教師でない事例は意外に多い。D・リカード（1772–1823）はそのなかでも傑出した理論家である。オランダからイギリスに帰化したユダヤ人の金融業者の父親のもとで、一四歳の頃からその業務につき、実務的才能を発揮し、ナポレオン戦争期に増発された国債の引き受け発行で成功をおさめている。

そのかたわら、二七歳の頃、スミスの『国富論』を読んで満足感をおぼえ、経済学に興味をよせるようになった。当時のイギリスでは産業革命が進行中で、綿工業を中心に産業資本が機械制工業を確立し、自立的な発展を開始しようとしていた。それにともない、重商主義的保護政策の改廃、自由貿易をすすめるうえでの安定的な通貨制度が求められつつあった。リカードは、そのような現実的政策問題をめぐり、二つの論争分野で論稿を執筆するようになる。

そのひとつは、いわゆる地金論争であった。

イギリスではフランスとのナポレオン戦争のなかで、一七九七年にイングランド銀行券の金兌換《きんだかん》が停止され、一八二一年に兌換が再開されるまで、銀行制限時代を経験した。その時代に物価と金価格は上昇したのにたいして、為替相場は下落し、その原因をめぐり論争が生じた。そのなかで、地金派は、金貨幣の基礎から離れたイングランド銀行券の過剰発行がその原因であるとし、兌換再開を求めた。反地金派は、健全な真正手形を割り引いて発行するかぎり、銀行券の過剰発行は生じえないとこれに反論していた。この論争は、議会での『地金委員会報告書』(1810)をめぐり頂点に達する。現実には、金兌換は、ナポレオン戦争終結後の物価下落と為替相場回復をまって、一八二一年に再開された。

この論争で、リカードは、一八〇九年に匿名で『モーニング・クロニクル』紙に寄稿した論稿「金の価格」以降、地金派の代表的理論家として登場する。そのさい、すでにD・ヒュームが主張していた、物価は貨幣数量の変動に比例して変化するという貨幣数量説を継承し、それを国際的な通貨の移動と関わる機構としてほぼつぎのように述べていた。すなわち、金兌換がおこなわれていれば、銀行券が過剰発行されて、一時的に物価が上昇しても、それにともなう貿易収支の赤字化を経て、金貨や銀行券の対外流出を招き、通貨の過剰は是正される。しかし、不換銀行券であれば、国外に流出しえず、物価上昇、為替相場下落が是正されない。

こうしたリカードの主張は、『地金委員会報告書』にも影響を与えた。さらにその見解は、その後、金本位制のもとでの中央銀行の役割をめぐる通貨論争の第二ラウンドで、通貨学派が、国際的な金貨流出入を反映するイングランド銀行の金準備の変動に比例するよう、銀行券発行残高を規制することを求めて、一八四四年のピール銀行法の制定を推進したさいにも継承される。通貨学派に対抗した銀行学派は、反地金派の伝統を継承していた。

現代的にもリカードの貨幣数量説は、新古典派ミクロ理論を経由して、マネタリスト(現代版の貨幣数量説の信奉者)によるインフレ抑制のための通貨供給量の引き締めを求める主張にひきつがれている。これにたいし、ケインズ派の発想は反地金派、銀行学派に近い。通貨論争も簡単に過去のものとはいえないわけである。

リカードが関与したもうひとつの政策問題は、穀物法論争であった。

重商主義的関税政策が広く改廃期を迎えるなかで、一八世紀末にはイギリスが穀物輸入国に転換し、それにどう対応すべきかをめぐり、対立的な見解があらわれる。イギリスでは大土地所有者が、議会の上院で支配的な貴族的上層階級を形成し、安価な輸入穀物により穀物価格が下落すると、地代収入が減少して、打撃をうけるおそれがあった。そこで、一八一五年にも、ナポレオン戦後の穀物価格下落への対策として、麦価が一クォーター(約二九一リットル)あたり八〇シリング以下になれば、その輸入を禁止するという新穀物法が制定されている。

T・R・マルサス（1766–1834）は、これを支持し、農業保護政策による穀物の高価格は、高地代を維持し、工業製品への高水準の有効需要をもたらし、農業、工業にともに高利潤を可能とすると主張していた。

リカード（1815）は、これに反対し、穀物が安価になれば、賃金も引き下げられて、利潤が増大するので、資本蓄積が増進し、労働雇用も拡大されるとする見解を強調していた。その主張は、当初、社会的に均等化される利潤率の動向を、穀物生産に投じられる資本に代表させて、投入も産出される収益もすべて穀物量で量られるものと想定して（穀物利潤論により）主張されていた。穀物が安価になれば、それに応じて、差額地代を支払わないで利用できる限界的土地が、生産性の高い土地へ変化するので、他の条件を一定とすれば、穀物利潤は増大することを分析的に導く論理が、それによって示されていた。

その分析は、労働価値説によるものではなかったが、投入と産出の客観的な技術的物量体系にもとづいて、実質賃金が物量で与えられれば、利潤率は決定されるという論理を提示するものとなっていた。後に第Ⅴ章と第Ⅵ章でふれる、P・スラッファにはじまる新リカード学派は、リカードのこうした分析を客観的な物量体系にもとづく利潤率と相対価格の決定論として、現代的に再生させている。

こうした一連の時論的論稿にもうかがえるリカードの理論家としての優れた資質をみぬ

き、これを活かして一般化し、労働価値説にもとづく古典派経済学の原理を体系的にしあげてみるように強くすすめたのが、友人J・ミル（1773–1836）であった。厳格な幼児教育で息子J・S・ミル（1806–73）を経済学者に育てたことでも有名な、教育者的志向の強いミルのすすめに、リカードは自分にはそのような教養も素質も欠けていると抵抗していたが、しだいに説得されて、不朽の名著『経済学および課税の原理』（以下『原理』と略称。1817）をしあげるにいたる。

この主著は、労働価値説に基礎をおく古典派経済学の原理を純化し、完成させたみごとな理論体系を提示している。スミスの『国富論』が、豊かな事例をふくむ親しみやすい大著をなしていたのにたいし、リカードの主著は、その精髄と思われる労働価値説による価値と分配の理論を純化して最初の六章ないし七章（一五〇ページにみたない）までに簡潔な展開に結晶させている。そこには、現代にいたるまでさまざまな学派の優れた理論経済学者がどれほど多くの示唆をうけ続けてきたか、はかりしれないほどの奥行きの深い不思議な知的洞察の泉がある。

まずその「序言」で、著者は「大地の生産物―すなわち、労働、機械および資本の結合充用によって、地表から得られるすべての物は、社会の三階級、すなわち、土地の所有者、その耕作に必要な資財（ストック）つまり資本（キャピタル）の所有者、およびその勤労によって土地が耕作される労働者のあいだに、分割される」。地代、利潤、賃金として、こうした三階級に全生産物が割り当てられる割合は、土地の肥沃度、資本の蓄積と人口、熟練、工夫力などの変化につれ、社会の発展段階で異なる。「この分配を左右する法則を決定することが、経済学の主要問題である」と述べる。

こうして、産業革命を経て確立されつつあった資本主義経済の三大階級からなる社会を想定し、年々の労働生産物がいかにそれらの階級間に分配されるか、その法則を解明することが、経済学の主要課題であると簡明に規定している。そこでリカードの経済学は分配の経済学をなしているといわれるが、その分配関係は、資本主義社会を構成する基本的三大階級についてのことであり、現実にはその周辺に存続する家族経営的な農民や職人その他の多様な中間層をふくめた経済主体一般への分配論とはされていない。と同時に、その分配関係は、内容上、年々の労働の成果についての分配関係として、一貫して労働価値説にもとづいて解明されてゆく。以下、その特徴的論点をみてゆこう。

（1）労働価値説の純化　スミスの労働価値説は、価格理論としてみると、投下労働価値説にもとづく価値分解説と、労賃、利潤、地代が独立の要因として価格を構成するとみる価値構成説を許容する支配労働価値説とを併存させて、複合的で、内的一貫性がたどりにくい構成をなしていた。後者の価値構成説によれば、その他の事情が変わらないかぎり、労働の報酬としての労賃が上がれば、その労働が産出する商品の価値はそれだけ上がることになる。

リカードの『原理』第一章「価値について」は、第一節の表題を「一商品の価値、すなわち、この商品と交換されるなにか他の商品の分量は、その生産に必要な労働の相対量に依存するのであって、その労働にたいして支払われる報酬の多少には依存しない」としている。あきらかに投下労働価値説を採って、価値構成説にはよらないと宣言して、考察をはじめるのである。

ついで、スミスにしたがい、使用価値（ないし効用）と交換価値とを区別して、水や空気のように最大の使用価値をもっていても交換価値をもたないものもあるから、「効用は、交換価値にとって不可欠ではあるけれども、その尺度ではない」としたうえで、諸商品は、「その交換価値を二つの源泉からひき出す、すなわち、希少性からと、それらを取得するのに要する労働量からとである」と分析をすすめている。

労働価値説を純化したリカードが、たとえば珍しい絵画や稀覯書《きこうしょ》のように供給がかぎられており、それを手に入れたい人の富と嗜好にしたがい高価になるような、希少性にもとづく交換価値もあることを認めていることは注意しておいてよい。それは労働価値説について、ほとんどの初学者がよせる疑問のひとつだからである。

これにたいし、リカードは、そのような商品は、日々市場で取引される商品総量のきわめて小部分にすぎず、財貨の最大部分は、勤労によって供給を増加させることができ、その生産に無際限な競争がおこなわれるような商品であるから、交換価値を左右する法則についての考察は、そのような商品種類についてすすめればよい、と述べる。それは、価値論を基礎とする経済学の原理は、相対価格の一般理論とすべきか、あるいは年々の労働の生産物の価格と配分の関係を考察する課題にそって展開されるべきか、という選択を提示しているともいえる。

これに続き、リカードは、希少性による交換価値を除外すれば、スミスの学説の基本をなす、労働がすべての物の交換価値の根底である、という認識が、経済学における最も重要な学説であるとして、一連の考察をすすめてゆく。たとえば、異なった質の労働の熟練や強度については、その評価とともに世代をこえてあまり変化しないので、その比較検討は、ここでの研究課題にあまり重要でない、とされる。スミスのいう「初期未開の社会」では、（さきに七二ページでみた）ビーバーと鹿との等労働量交換の事例で示されていたように、すべての労働の成果は、労働者に帰属する。だが、資本が蓄積されて、労働者が雇用される社会では、労働の成果としての交換価値は労賃と利潤に分割される。

そのさい、商品の生産に要する労働時間が変わらなければ、労賃が上がっても商品の交換価値は上がらないのであって、利潤が下がる。そうした変化が社会的に生じて、平均的利潤率が下がると、機械設備に相対的に大きな資本を要する産業では、労働雇用により大きな投資比率を投ずる産業にくらべ、生産物の交換価値がより大幅に低下する効果が生ずる。しかし、交換価値のこうした原因による変動は、技術の変化にともなう生産に要する労働時間の変化による変動とくらべ「軽微である」。

また、貨幣としての金の生産が容易となれば、その価値が下落し、賃金も他の商品価格もともに上昇するが、ここでの研究目的のためには、さしあたり金貨幣の価値は不変としておいてもよいであろう。あるいは理論上、金貨幣の生産には社会的に平均的構成の資本が用いられているとみなしてもよい、と説かれている。

いずれにせよ、労賃の上昇は、商品の交換価値に影響を与えないというリカード労働価値説の基本命題は、労働雇用にあてる資本構成の比率の異なる産業間で、平均利潤率の変動が生産物の交換価値に影響する程度の相違により、修正を要することも認められている。その点は「軽微」な問題とはいえないとするマルサス（1766–1834）らの批判に、労働価値説を維持しつつどう答えるかが、理論的問題として残されていたといえよう。

(2) 地代論　スミスの価値論が投下労働価値説に純化されなかった重要な理由のひとつは、地代のとり扱いにあった。すなわち、地代は、自然の恵みとしての土地の豊壌性から生ずる所得とみなす重農学派的観点にたっていると、投下労働価値説による価値分解説では、地代を理解できなくなる。これにたいし、リカードの『原理』第二章「地代について」は、つぎのような差額地代論を展開し、土地の生産物の交換価値の決定に、投下労働価値説を貫徹させる内容となっている。

すなわち、通常、地代という名称で支払われる報酬のうち、土地所有者が地質の改善や農場に必要な建物に投じた資本への利潤の部分は、ここでは除外して、土地の「本源的で不滅な力」の使用への報償のみを考察する。そのさい、豊壌で肥沃な土地が豊富に存在し、その一部のみが耕作されているなら、空気がただで利用できるのと同様に、土地の使用も地代なしでおこなえるであろう。しかし、土地の分量がかぎられており、地質が均一でなければ、人口の増進につれ、肥沃度の劣る第二級の土地が、ついでまたそれより地質の劣る第三級の土地が耕作されるにいたる。

いま、同量の資本と労働を使用して、第一級地は一〇〇クォーター、第二級地は九〇クォーター、第三級地は八〇クォーターの穀物を産出するとすれば、第二級地まで耕作が必要となった場合には、第一級地に一〇クォーターの穀物の価値にあたる地代が、さらに第三級地まで耕作が必要になれば、第二級地にも一〇クォーターの、第一級地には二〇クォーターの穀物の価値にあたる地代が発生する。そうならなければ、同一量の資本に同一の利潤がえられることにならない。

かりに第一級地のような既耕地に同量の投資が追加されて、八五クォーターの収量がえられ、第三級地が不要となるような場合、第一級地には一五クォーターの、第二級地には五クォーターの穀物の価値が地代として支払われる。追加投資をおこなった第一級地の資本家がその支払いを拒めば、土地所有者は、借地期間満了のさいに、代わってその額の地代を支払おうとする他の資本家をかならずみいだせる。

いずれの場合も、穀物価格は、社会が必要とする穀物の生産を充足する土地種類のなかで、「最大量の労働量」によって産出される穀物への投下労働により規制される。その価格には、地代は入らない。この原理をあきらかにすることが「経済学という学問にとってもっとも重要である」。スミスが、土地の占有と地代の支払いにより、諸商品の交換価値がそれらを生産した比較的労働量により決定されるという法則に変更を認めたのは正当でなかった、とリカードは主張するのである。

その見地からすれば、土地の収穫逓減《ていげん》にともなう「生産の困難という同一の原因は、原生産物の交換価値を引き上げ、そしてまた地代として地主に支払われる原生産物の割合をも引き上げるのであるから、地主が生産の困難によって二重の利益を受ける、ということは明らかである」(訳書、九八ページ)。他方、同様の二重の作用が逆方向に働き、「土地に同一額の資本を使用することを不必要にし、またそれゆえ最後に使用される部分をより生産的にする、なんらかの社会事情は、地代を引き下げるであろう」(同、九二ページ)。この穀物価格と地代を引き下げる「社会的事情」には、農業生産の技術的改良とともに、穀物関税の引き下げや廃止による輸入穀物の低廉化の効果もふくまれうる。

(3) 資本の蓄積と人口法則

リカードの『原理』は、地代論を第三章で「鉱山地代」に適用し、ついで、第四章で、諸商品の需要と供給の変動にともなう市場価格が、生産に要する労働量に基礎をおく価値としての自然価格から乖離《かいり》しつつ、それにともなう利潤率の有利、不利に導かれた資本の移動を介して、需給の調整をうけ、自然価格をその変動の基準とすることをあきらかにしている。こうした考察を前提に、第五章では賃金、第六章では利潤への労働生産物の分配の原理が、収穫逓減の法則にもとづく地代論を重要な理論上の支柱としつつ、資本の蓄積と人口法則に焦点をあてながら展開されている。

まず、労働も市場価格と自然価格をもち、その自然価格は「労働者たちが、平均的にいって、生存しかつ彼らの種族を増減なく永続させるのに必要な」労働の価格である、と規定される。そこで、「労働の自然価格は、労働者およびその家族の維持に要する食物、必需品、および便宜品の価格に依存している」(訳書、一〇九ページ)。

社会の進歩とともに、必要とされる穀物の生産に困難が増すので、労働の自然価格は騰貴する傾向を示す。農業上の改良や安価な食料を輸入できる新市場の発見がその傾向を妨げることはあっても、それは一時的作用にとどまる。富と人口の増進とともに、土地の収穫逓減の法則が、一方で地代を引き上げるとともに、他方で賃金を騰貴させることになる。

こうした賃金論において、リカードは労働の自然価格に家族賃金を想定していたと考えられる。フェミニストの一部は、戦後の労働組合運動について、扶養家族手当などの家族賃金の要求を積み重ねて、女性は主婦としてもっぱら非市場的家事労働にたずさわるべきものとのみ想定していたのは、男性中心主義に偏った発想で、その元はマルクスの規定にあるとして論難していた。しかし、それは、むしろリカード的な古典派賃金論に向けられるべきであったともいえる。また、リカードにおける労働の自然価格は、たんにその種族を「増減なく永続させる」というだけでなく、資本蓄積にともなう富と人口の増進を可能とする水準を事実上想定していたといえよう。労働の自然価格について、労働者を増減なく存続させる価格水準としていた最初の規定と、社会の進歩にともない人口増加をもたらす、その騰貴傾向の想定とのあいだには、不整合があるともいえる。

リカードは、その不整合をつなぐ要因として、労働の自然価格とそこから乖離する市場価格の運動を想定し、つぎのように述べる。すなわち、労働の需給関係で、その市場価格が自然価格を上回れば、健康で多数の家族を養育できるので、人口増加がうながされる。その結果、供給が需要を上回れば、労働の市場価格は自然価格を下回り、労働者の窮乏がその数を減少させる。そこで、賃金は自然価格に一致する傾向があるが、資本蓄積がすすみ、進歩しつつある社会では、その市場価格はたえず自然価格をこえて、人口増加に継続的刺激を与えるであろう、というのである。

ここで想定されている、労働賃金の市場価格の変動を介しての人口の絶対数の増減の運動は、他の労働生産物における市場価格の変動を介しての供給量の調節と同様のしくみを、労働人口にあてはめる無理をおかすものであるといわなければならない。同様の理解は、マルサスの人口論の一面にも共通するところで、当時の古典派的人口法則論のひとつの特徴をなしている。現代の日本をはじめ、多くの先進諸国で、労働者の生活の実質的水準が上昇しているにもかかわらず、少子化による人口減少が進行していることからも、労働人口を労働者の市場価格の変動にともなう生活水準の変化に比例的に増減するものとみなす見解には、疑問の余地が大きい。

だが、リカードは、資本主義社会のもとで、中世までの農村共同体のなかで人口増加を抑制していた社会的規制や慣習が撤廃され、人口が増大しはじめている社会を考察対象としていた。そして、人口増大の原因を、当時の古典派的人口法則論から、市場価格の継続的高水準に帰着させる解釈を示していたわけである。

それとともに、こうした人口の増加をともなう資本蓄積の増進は、さきの土地の収穫逓減にもとづく差額地代論を前提とすれば、長期的にはますます穀物の自然価格ないし価値を騰貴させ、地代を増大させる傾向をともなう。それにともない労働の価値も騰貴する傾向が避けられない。そのさい、地代は貨幣地代も穀物地代もともに上昇し、社会的生産物のより大きな比率を土地所有者にもたらす。これにたいし、貨幣賃金は上がっても、穀物賃金（賃金でえられる穀物量）は、上がらないか、あるいはむしろ、つねに引き下げられがちである。それゆえ、地代と賃金の上昇には「本質的差異がある」（訳書、一一九ページ）。

こうして労働の自然価格が騰貴してゆくにつれて、「利潤の自然の傾向は低下することにある」（同、一四一ページ）。地代を支払えない限界的土地を使用する農業者の投資に代表される平均的利潤が、その全収入のすべて、あるいはほとんどを賃金の支払いに必要とするようになれば、利潤はゼロかそれに近づき、蓄積は不可能となるか、その動機を失うにちがいない。その過程で、「唯一の実質的な利得者は地主」となるであろう（同、一四七ページ）。

こうしたリカードの差額地代論を基礎とする、資本蓄積論は、確立されつつあった産業資本の利潤と蓄積、そのもとでの雇用と人口の増進を維持する観点から、穀物価格の保護により利得をえる貴族的大土地所有者の利害を抑制することを求めた。そして、一八四六年に穀物法廃止を実現するにいたるマンチェスター自由貿易運動の理論的根拠となった。それは、スミスの自由主義を継承しつつ、J・ミルを介して、思想的には「最大多数の最大幸福」の実現を説くJ・ベンサムの功利主義的発想に同調する見地を示していた。

これと対比していえば、現代の農業保護政策や国民的食料自給度の保全政策は、少数の大土地所有者階級の保護のための政策ではない。むしろ多数の農家、小規模畜産業者、それらによる農村地域の生活基盤と自然環境との維持、食の安全性確保を求める多数の消費者の要請をうけ、巨大多国籍企業としてのアグリビジネスによる産業空洞化傾向に対抗しようとする意義を有している。とくに、アメリカなどからの農産物の市場開放要求を一環とするTPP交渉について、リカードの自由貿易論は、現代日本に「最大多数の最大幸福」への方途として直接適用できないであろう。その差異がなにに由来するかもふくめて、経済学の歩みのなかで、自由主義がたどってきた役割の変遷については、本書でもひきつづき順次考えてゆきたい。

（4）比較生産費説

リカードの『原理』第七章「外国貿易について」は、いわゆる比較生産費説により、自由貿易により交易する国の双方に生ずる、つぎのような普遍的利益を説いて、蓄積と分配の原理を補足している。

すなわち、資本と人口の移動関係がない諸国間では、一国内での諸商品の相対価値を左右する法則が交易関係をそのまま規制することにはならない。たとえば、イギリスの服地のある分量と引き換えにポルトガルが交易するであろうワインの一定量の生産に、イギリスで両者ともに生産すれば年間服地に一〇〇人、ワインに一二〇人を必要とし、ポルトガルでは同量の生産に年間服地に九〇人、ワインに八〇人の労働を要するとしよう。

その場合、イギリスでは比較生産費上優位にある服地の生産に特化集中して交易すれば、自国で生産するなら年一二〇人の労働を要するワインを、年一〇〇人の労働で生産できる服地と交易して入手できることになるので、より多くのワイン（および／あるいは服地）を獲得できる。その場合、イギリスではワインはその分量が一〇〇人で生産された相対価値として取引されうる。それが労働者の必需品に入るなら、土地の収穫逓減による労働の価値の騰貴傾向、利潤率の低下傾向を抑制する、穀物関税廃止と同様の効果を上げる。

同様の効果は、ポルトガルにも生ずる。そこでは、自国で生産すれば年間九〇人の労働を要する服地を比較生産費上優位にあるワイン生産の年間八〇人分の労働と引き換えに獲得できるからである。

そのような国際分業の効果をつうじ、両国ともにそれぞれの労働の成果をより多くの使用価値物とすることができる。それはイギリスでのワインの生産、ポルトガルでの服地の生産において、労働生産性が上昇したのと同様の効果をもたらす。この事例で示される比較生産費説では、イギリスの服地の生産に要した一〇〇人分の労働と、ポルトガルでのワインの生産に要した八〇人分の不等労働量交換がおこなわれていることになり、それぞれの国内に想定されている等労働量交換としての労働価値説には不整合な規定が示されていることになる。

かりにこの事例で1とされている服地とワインの各一定量の交換比率（Pc/Pw）が、100/120＜（Pc/Pw）＜90/80 の範囲にあれば、多かれ少なかれ、同様の貿易による相互利益の効果は成立する。その決定関係をリカードはたちいって論じていない。J・S・ミル（1848）は、大枠としてはリカード経済学を継承しつつ、この問題については、相互需要の均等性の法則を介して決定する価格理論を示した。その価格理論が、労働価値説から限界学派に価値論を変換させる一契機ともなってゆくことになる。

他方、リカードが提示している国際貿易における不等労働量交換は、第二次世界大戦後に先進諸国と植民地からの解放をかちとった途上諸国との交易関係において、賃金水準の大きな国際格差が重要な一因となり、途上諸国の労働の成果が搾取され、低開発性からの経済発展を妨げ続ける重要な構造的論理を形成しているとする見解に展開され、一九六〇年代までのいわゆる従属学派によって強調されていた。

ところが、そこで問題とされている不等労働量交換による搾取関係は、その後も残るとしても、一九七〇年代以降のアジア途上諸国の高成長には、先進諸国からの直接投資の作用とあわせ、リカード貿易論の比較生産費説的な相互利益の効果も大きく寄与するようになっているとも解釈できる。そのような国際貿易の役割の歴史的変化がなぜ生じてきているのかは、現代の国際経済論や開発経済論に問われている興味ある課題のひとつであろう。

4 古典派経済学の限界と動揺

リカードにおける古典派経済学の体系的な純化・完成の試みは、労働価値説にもとづく資本主義経済のしくみと運動の原理をめぐり、いくつかの重要な限界と検討課題を残していた。以下、三点にしぼって、その要点をみておこう。

(1) 自然主義　リカードにいたる古典派経済学の理論体系は、資本主義市場経済のしくみを、産業革命を経た後の現実的展開にさきだち、自然的自由の秩序として理想化して想定する発想をまぬがれていない。その発想は、市場経済にもとづく資本主義経済の自律的運動の原理を、国家の役割や法制などから分離してあきらかにする試みをうながし、資本家と賃金労働者と土地所有者との三大階級からなる資本主義社会の成長・発展の積極面を、自然の秩序として強調する傾向をともなっていた。

その反面で、資本主義社会がどのような意味で歴史的に特殊な経済システムを形成しているか、またそのもとで自由、平等、基本的人権といった市民革命の理念がとくに労働者の経済生活において内容的に実現されないうえ、しばしばその経済システムが予定調和に反する全般的過剰生産をともなうのはなぜか、といった一連の問題は、考慮の外におかれる傾向があった。

たしかにリカードは、労働価値説を純化・完成する試みをすすめ、資本家と賃金労働者と土地所有者からなる近代社会の三大階級のあいだに、年々の労働生産物の成果がどのように配分されるかを考究して、資本の蓄積と人口の増大をともなう社会の進歩が、それらの階級間にどのような利害の相違やその対立を招くかを、あきらかにしようとしていた。そのさい、主要な関心は土地の収穫逓減を前提とする差額地代論を介して、少数の大土地所有者に所得配分が偏り、利潤率が低下して蓄積の動機が失われ、実質賃金も低下しがちとなり、雇用や人口も停滞的となる傾向を憂慮することにおかれていた。資本家階級は、当時なお競争的で多数の中小企業主からなり、労働者階級とともに社会の多数派とみなされていたのであった。

そのような認識にたって、社会の「最大多数の最大幸福」を実現するためには、穀物関税を撤廃し、国際貿易による相互利益の一環としても比較生産費上優位にある工業製品の生産と輸出に特化して、安価な穀物輸入を促進することが望ましいと、リカードは主張していたのである。その自由(貿易)主義は、リカード的な階級的戦略を、勃興しつつある産業資本家とそこに雇用される労働者の利害にそうものとして提示していたのであった。

しかし、そのような認識と戦略とが、自然主義的観点のもとに展開されているかぎり、資本主義の歴史性は、二重の意味で無視されることとなる。

すなわち第一に、資本主義の発生期に支配的な商人資本やそのもとでの自国産業の保護のために重商主義的政策が求められていた必然性や意義と、新たに確立されつつあった産業資本の自立的発展に適合的な自由主義政策の意義とが、資本主義の歴史的変化にそって位置づけられて理解されず、重商主義はいわば自然的秩序の実現を妨げる人為的なもので誤った政策とみなされ、一面的にしりぞけられる。

それにともない、後発的資本主義諸国が、先進国にキャッチ・アップしてゆく過程で、産業保護関税を必要とする側面にも理解がおよぼされがたくなる。その弱点をやがてドイツ歴史学派が問いかけ、古典派経済学の自由主義の論拠が、経済の発展段階の差異をみのがし、どの時代のどの国にも妥当する普遍的理論とみなされすぎている側面を、批判的に問い直すことになる。

そればかりではない。第二に、近代以降の社会の三大階級を自然的で究極の経済秩序とみなす古典派経済学の体系では、大多数の労働者階級が、なぜみずからの労働の全成果を取得できず、他の二大階級と比して不平等な配分、経済生活上の格差、不安定、抑圧、貧困をまぬがれえないのか、という大きな問題も無視されがちとなる。ほんとうに資本主義社会の三大階級の関係構造を人類史のうえで、究極の自然秩序とみなしてよいのかどうか。

すでに古代以来、私有財産なき人びとの共同生活と自然権とを理想とする思想は、哲学や宗教のなかで、現世の苦難の救済を図る実践や社会運動としても世界各地に広がっていた。T・モアの『ユートピア』(1516)を発端とする近代社会主義は、そのような古くからの源流に市民革命にいたる自由、平等、人権の理念を重ね、J・ロックの労働所有権論や古典派労働価値説にもとづき、むしろ労働の全成果が「労働の価値」として、とうぜん労働者に帰属すべきであるとする全労働収益権論を主張するT・ホッジスキン(1787-

1869）やJ・グレイ（1798–1850）らのリカード派社会主義者を生んだ。フランス革命での沸騰した人間解放のラディカルな思想を継承する試みとしても、「人みな兄弟」という協同社会の実現を説いたサン・シモン（1760–1825）や、理想的協同社会の設計や日課を描いたフーリエ（1772–1837）などの社会主義の主張も注目を集めつつあった。

そのような観点からすれば、資本主義も歴史的な人類の進歩の経過のなかで、やがてのりこえられる特殊な歴史社会とみなされてよいことになる。しかし、そのような社会主義の論拠をあきらかにするうえでは、古典派経済学の限界を批判的に突破して、資本主義経済のしくみや運動の原理にどのような意味で特殊な歴史性が内在しているかを、理論的に体系化して解明しなければならない。

J・S・ミルの『経済学原理』（1848）は、リカード経済学を継承しつつ、生産論は自然的秩序として考察しながら、分配論は歴史的な秩序とみなして、労働組合運動の意義を容認し、広く社会改良や社会主義の可能性も認めていた。それは古典派経済学の総括を試みた著作として、経済学の古典的教科書として世界的に用いられ続けた。

とはいえ、その生産論と分配論の関係の不整合をめぐり、折衷《せっちゅう》的で不徹底ともみなされ、資本主義経済の生産関係をふくむ歴史性のより体系的な考察と、それにもとづく社会主義の理論的根拠の解明は、本格的には第Ⅵ章でみてゆくマルクスによる貢献をまたなければならなかった。

(2) 労働価値説の難問　古典派経済学の労働価値説は、リカードにより純化され頂点に達したとはいえ、いくつかの重要な難問を残していた。それらは、古典派の自然主義に直接間接に制約された理論上の困難であったともいえる。

そのひとつは、年々の労働が産みだす生産物の価値が、なぜ「労働の価値」として雇用労働者に全額支払われないですむのか。その生産物価値が労賃のみならず、利潤、および地代にも分割されて配分されるのは、リカード派社会主義者らの労働全収益権論としての労働価値説適用の見地からすれば、不当で不合理な秩序であり、無政府主義的初期社会主義者のプルードン（1809–65）が述べていたように、「私有財産は盗みである」ということにならないであろうか。

すなわち、資本主義経済の基本的原理として、賃金労働者が支出する労働時間のうちで、労働者の生活を支え再生産するために要する必要労働時間をこえる剰余労働が、利潤、地代などの剰余価値の源泉をなし、資本家や土地所有者に取得される関係を、労働価値説によって、どのように合理的な秩序として正確に解明しうるのか。その問題は、古典派経済学ではきちんと定式化もされず、解決もされえなかったのであった。

もうひとつの難問は、労働価値説と利潤率の平均化法則との関係である。リカードは、さきにみたように、労賃の上昇は利潤率を引き下げるが、生産物に投下されている労働量が不変ならその交換価値を変化させないという、労働価値説の基本を提示して考察をはじめていた。しかし、資本の構成（労働雇用にあてる比率）の異なる産業にも利潤率は均等になるという法則的傾向も重視していた。そのため、労賃が上がり平均利潤率が社会的に低下するさいに、労働雇用にあてる資本比率が大きい産業は、その逆の産業にくらべ、相対的交換価値が上がるものとみなしていた。これをリカードは労働価値説の基本命題にたいし、軽微で例外的修正とみなしていたが、リカード反対派は、それは決して例外的な事情ではなく、利潤率均等化の法則と労働価値説の根本的不整合を意味すると批判し続ける。

これら二つの問題、すなわち剰余価値の生産と取得の原理と、利潤率均等化法則との関連で、古典派の労働価値説はゆきづまり、さきにふれた国際貿易をめぐる比較生産費説との関係をめぐる交換比率決定論の問題などともあわせて、古典派労働価値説の「つまずきの石」となり、古典派経済学全体の動揺と解体をせまることにもなっていった。

（3）全般的過剰生産の否定　資本主義市場経済は、現実には、その自律的運動をつうじ、予定調和を実現し続けることはできず、好況期の順調な発展に続き、自己破壊的で全般的過剰生産や大量失業をともなう恐慌や不況を生ずる傾向をまぬがれない性質も内在させている。それは、資本主義にさきだつ諸社会の経済生活が、戦争、疫病、天候不順などの経済外的災厄から破壊的困難をうけていたこととは異なる、経済活動自体の内部から発生する災厄にほかならない。その必然性をどう理解するかは、古典派経済学の自然主義的発想とその枠内での理論体系では、解明困難であったもうひとつの重要問題をなしていた。

その問題は、古典派経済学が主張していた自由主義が経済政策としてあいついで実現されてゆき、産業革命を経て確立された産業資本の自立的発展が本格的に進展するにいたった一九世紀の二〇年代から六〇年代にかけて、かえって周期的恐慌がほぼ一〇年周期で法則的に反復されるようになる過程で重みを増していった。

すでに反リカード的な一連の経済学者のなかから、その問題を重視する見解も提起されつつあった。

たとえばマルサス（1820）は、資本家と地主の消費の削減による貯蓄の増大は、奢侈財需要と召使いなどの不生産的労働者の雇用の削減をもたらすとともに、貯蓄が投資に回されて賃金財の供給が過剰になるため、奢侈財と賃金財の全般的過剰生産が生ずるおそれが大きいと主張した。それにともない、過度の貯蓄＝投資は、有効需要の不足による災厄を招くと論じていた。それによって、リカードが、労働価値説により年々の労働の成果としての生産物価値がその分配関係にもとづく賃金、利潤、地代としての所得によって総体として購入され、貨幣は蓄蔵されることなく、もっぱら交換の媒介手段としてのみ機能するとみなし、事実上、商品の生産と供給はそれ自体で需要を産みだすという「セー法則」を説いて、全般的過剰生産の可能性を否認していたことに反対していたのである。

マルサスのその見解は、第I章でみたJ・スチュアートの有効需要の不足論を内容上継承するところがある。ただし、マルサスは、その見地から、スチュアートとは異なり、国家の有効需要政策を提唱するのではなく、穀物法を支持して、地主階級の不生産的消費財源を保護しようとする政策方針を支持しようとしていたのであった。それはごく保守的な立場であったともいえる。

他方、シスモンディ（1819）は、資本家的生産が機械の使用により生産性を上昇させつつ、雇用を縮小し、労働者の貧困と消費制限をもたらすので、生産は消費需要を超過し、過剰生産をもたらし、市場の梗塞による災厄が広がると主張していた。それは、資本主義のもとでの労働者の所得制限と生産力の上昇の傾向とのギャップから生ずる、過少消費説的恐慌論の原型を提示するものであった。その災厄を回避するために、シスモンディは、家父長的農業経営の安定性への回帰を望ましいとみなし、中世社会を理想化するロマン派社会主義の思想潮流を創始したのであった。

リカードも『原理』第三版（1821）に、第三一章「機械について」を追加して、機械の使用から生ずる商品の低廉化による利益に、労働者もあずかるであろうとかつては想定していたが、「機械を人間労働に代用することは、労働者階級の利益にとってしばしばはなはだ有害である」と述べるようになっている。しかし、商品生産物について、ときに生じうる部分的過剰生産とそれにともなう市場価格の下落と同様に、機械の採用による労働人口の過剰化と労働の市場価格の低下による生活状態の悪化も、ともに一時的な困難として、供給面での対応を誘発し、調整されてゆくであろうとリカードは想定していた。

マルサスやシスモンディの過剰生産論は、これにたいし、資本主義のもとで、恐慌や不況にともなう全般的過剰生産の困難を強調しつつ、逆にその困難がなぜ恒常化せず、リカードが信頼をよせていた資本の蓄積にともなう需給の調整機能が好況期に積極的に再現することになるのか、そしてまた、その積極的蓄積の好調な進行自体の結果として、全般的有効需要の不足をともなう恐慌と不況が、くりかえし生じざるをえないのはなぜか、といった周期的景気循環と、その一環にあらわれる恐慌の法則的必然性を正確に問題として定式化し、解明することにはなっていなかった。

この問題も、古典派経済学の自然主義と労働価値説の限界とあわせて、後にマルクスが体系的な解明を試みることとなる興味深い論点をなしていたといえよう。

第Ⅳ章

歴史学派と制度派経済学の発展

古典派経済学はいくつかの意味で限界を内包していた。そのひとつの限界は、自然主義的な一般理論の体系によって、自由主義をいつでもどこでも正しい政策として主張するところにあった。その基礎としていた労働価値説にも問題点が残されていた。そこから一九世紀のなかば以降になると、古典派経済学の限界をこえる経済学の歩みが、大別すれば、歴史学派ないし制度派経済学、新古典派経済学、マルクス経済学の三つに分岐し、現代にいたるまでその相互の差異、競合、そして響きあう関係が経済学の歩みに継承されてきている。三つに分岐した大きな経済学の流れと、それぞれの接近方法の主要な特徴とその発展を、歴史学派ないし制度派経済学からみてゆくこととしよう。

1　F・リストと旧歴史学派

古典派経済学の理論と政策的主張は、先進的に資本主義化をすすめ、産業革命を実現して、「世界の工場」の位置についたイギリスの発展をやや先取りしつつ、理想化するところがあった。それにたいして、後発的なドイツなどからは国民経済の発展を望むさいに、同様の政策方針をとってよいのかどうか、古典派にしたがい自由貿易の政策をとれば、国際分業上、農業国の立場を容易に脱しえないのではないか、という疑問もわいてくる。

その観点からみれば、古典派経済学の思想と理論は、最先進国のむしろ特殊利害を普遍的な真理として説いているとも解釈できる。実際、フランス、アメリカ、ドイツなどでも産業育成のための保護貿易政策には関心や支持がよせられ続けていた。

F・リスト（1789-1846）は、こうした問題関心に応え、主著『経済学の国民的体系』（1841）において、後発的なドイツにとって保護貿易の必要性を、つぎのような論拠で示して、注目を集め、ドイツ歴史学派の発端を開いた。すなわち、リストによれば、国民経済の生産力の歴史的発展段階は、未開状態、牧畜状態、農業状態、農・工業状態、農・工・商業状態の五段階に区分される。先進国がすでに第五段階に達しているときに、後発国が第四段階の農・工業状態から第五段階に移行しようとする場合、先進国との競争から自国の市場と産業を保護する関税政策が必要とされる。

それとともに国民的生産力の増強には、適切な社会制度、自然資源とあわせて、さらに国民の肉体的諸力や精神的活力の向上も重要である。その観点からまた、当時のドイツが志向していた国民的統合や、それによる国民意識の高揚も大切な要因であると考えられた。

こうして、リストは、古典派経済学が、コスモポリタン（世界主義的）な一般理論を示しつつ、実はイギリスのような先進国の利害を代表している側面を鋭く批判して、それにたいし国民国家を経済学の基礎単位として重視した。そして、その歴史的発展段階に応じた生産力の増強の条件を政策論的に説き、そこに物質面のみならず国家主義的精神面の役割も強調する発想を提示したのであった。その発想は、その後の一連のドイツ歴史学派の形成をうながす端緒となった。と同時に、後にナチスドイツの民族主義的国家主義にも利用される不幸な時代も経験する。しかし、現代においても経済史、経済政策論、開発経済論などで、とくに後発諸国が、先進諸国にたいして経済発展のための諸条件を検討しようとするさいに、くりかえし参照される国家の役割、とくに教育制度の役割などの要点を示唆しているところがある。

そのようなリストの経済学を発端として、さしあたりドイツでは、経済学の歴史的方法を強調する歴史学派が形成される。

たとえば、W・ロッシャー（1817-94）の『国家経済学講義要綱』（1843）は、国民経済の発展は、法制史、文化史、国家史と密接に結びついて成り立つのであって、その文化段階に応じた比較研究が必要とされると主張し、歴史学派の独立宣言を述べたとみなされた。

ついでB・ヒルデブラント（1812-78）は、『現在および将来の国民経済学』（1848）において、リストやロッシャーの発展段階論には、なお自然法則的観点によっている面があると批判し、人間の経済行為は、実物経済―貨幣経済―信用経済という発展段階を経て、利己的目的意識にのみもとづく行為から、しだいに精神的・倫理的共同性を実現するにいたる過程をなしているという見解を示した。

これをうけてK・クニース（1821-98）は、『歴史的方法の立場からの経済学』（1853）をあらわし、利己心にもとづく自然現象としての経済行為にたいし、諸個人の公共的倫理に起因する社会現象として、国民経済の発展こそが歴史的方法による考察を要するところであることを強調した。

このようなリストにはじまるドイツ歴史学派において、先進的なイギリスにたいするドイツのような後発的な国民経済の発展段階の特質と、それに対応する政策が重要な問題として意識されるとともに、国民経済の発展は、それぞれの法制度、政治、倫理意識などと有機的に結びついていることが強調された。と同時に、あらゆる時代のあらゆる国民に普遍的に妥当する経済理論はありえないとする見地が示された。歴史的方法を強調する反面、その当時、古典派に代表されていた経済理論一般を否定する傾向が生じていたといえよう。こうした歴史学派のなかから、さらにつぎのような新歴史学派が形成され、それとの対比において、それに先行する一連の右にみた諸研究を旧歴史学派とよぶにいたる。

2　新歴史学派の問題意識

資本主義は一八七〇代以降に大きな転換期を迎える。とくにドイツでは、一八七〇年から七一年のプロシア・フランス（普仏）戦争の間にドイツ帝国が成立し、宰相ビスマルクのもとで急速な資本主義化がすすむ。そこでは新たな重工業を基盤とする巨大産業株式会社が金融資本の中核として成長し、その利害にそった帝国主義が自由主義に代わる経済政策の基調とされてゆく。

それにつれて、重工業に集積される成年男子労働者による労働組合の組織も成長し、労資の対立を顕著な社会問題として浮上させつつ、一八七五年にはドイツ社会主義労働党が結成され、一八九〇年にはドイツ社会民主党に改名し、党員や議員の数を増し、勢力を拡大してゆく。そこには、第Ⅵ章でみるマルクス・エンゲルスの思想と理論の影響も大きくなっていった。

こうした時代背景のもとに、一八七三年に社会政策学会が、新歴史学派とよばれる一連の研究者たちによって発足する。そこでは、リストから旧歴史学派にいたる国民経済学の枠組みや歴史的方法を継承しつつ、とくに社会主義の拡大に対抗する国家の社会政策による階級対立の緩和の方策が重視された。ビスマルクはその「飴と鞭」の政策の一環として、この社会政策学会を支援する。

たとえば、G・シュモラー（1838–1917）は、社会の安定要因として手工業者などの中間層の社会政策による維持・育成を推奨し、『一九世紀ドイツの小営業史』（1870）を書いている。これにたいし、L・ブレンターノ（1844–1931）は、労働問題の解決には、労働組合の役割を認め、公正、対等な労資関係を制度的に容認して、労働者の生活安定を図らなければならないと主張し、『現代労働組合論』（1871–72）をあらわし、新歴史学派の左派を形成した。

A・ワグナー（1835–1917）は、利己心による私的経済が投機や高利貸しによる不労所得を増大させるので、国家による公共事業の拡大、財政政策による不労所得の再配分、それをつうじた下層階級の福利厚生の向上をめざすべきであると説き、「国家経費膨張の法則」を主張しつつ国家社会主義的改良派を代表していた。

総じて新歴史学派の研究は、それぞれに社会政策の重点に相違をふくみながら、経済学と倫理学との結合を求め、倫理的経済学ともよばれた。自由主義者からは、大学の教壇から、それぞれの倫理観によって社会政策を奨める「講壇社会主義者」ともいわれた。とはいえ、その基本は、ドイツに影響力を拡大しつつあったマルクスの思想と理論による社会主義とは対立して、資本主義の枠内での階級対立の融和を図る諸方策に重点をおくものであった。そこで、マルクス派からは反革命的な改良主義と論難されることにもなった。

それとともに、歴史学派の研究は、各国経済の発展段階の差異やそれぞれの文化的、制度的特性の歴史研究に成果を示し、経済学の領域を拡張したとはいえ、その学派の内部には、経済学の理論研究一般に反発する傾向を有していた。そのため、経済理論の発展に貢献する成果はもたらすこともなかった。と同時に、その歴史研究の内容や意義についても、客観的な社会科学としての基礎が明確でなく、いわば研究者の個人的好みや価値判断に左右されないかが問われた。

次章でみるオーストリア学派の始祖C・メンガー（1840-1921）は、『経済学の方法に関する研究』（1883）などで、方法論的個人主義の立場から、現実的な諸現象から、最も簡単な諸要素をとりだして、そこから複雑な現象を再構成してゆく精密な方法（還元・組成法）による理論経済学が成立しうると主張し、たんに実在的・経験的方法のみを重視する歴史学派の偏りや誤りを批判した。これにたいし、シュモラーは、メンガーの方法は仮説的接近であり、前提が間違っていれば、理論はただの幻となると反論した。また、メンガーには歴史学派の本質を理解する器官が欠けているとし、両者のいわゆる方法論争は、すれ違いを残し、深まらなかった。

とはいえ、二〇世紀を迎える頃になると、ドイツは帝国主義的な強国の位置を確立し、歴史学派の接近方法を継承する研究者の問題意識にも変化が生じてゆく。後発国として、国民経済の形成・確立のための国家の役割に関心の重点をおいていた歴史学派のなかから、むしろ自律的な経済体制としての資本主義の直接の担い手となる市民的資本家の倫理やその役割に重点をおいて、研究をすすめる傾向があらわれた。それとともに、方法論争に応えて、歴史学派的研究をたんなるそのときどきに必要と思われる政策的主張のための考察にとどめず、客観的な社会科学として確立しようとする課題も意識されていた。他方で、ドイツ語圏でとくに影響を増していた、マルクスによる資本主義発展の歴史的特性についての理論的・体系的考察との対抗関係もいぜん強く念頭におかれていたといえよう。

たとえばW・ゾンバルト（1863-1941）は、『近世資本主義』（1902-27）において、経済主体の精神的意思と特定の技術の結合により経済体制が規定されるとみなし、その精神的原理の「欲望充足」から「営利」への発展に応じて、自給経済から、手工業を経て、近代資本主義が発生するという見解を提示した。マルクスの影響をうけ、資本主義の発展を生産手段の所有者と非所有者との関係性と、資本家の倫理的態度とを基準に、資本主義の歴史的発展を検討し、「資本主義」という用語を広める役割も果たした。

また、M・ウェーバー（1864-1920）は、「歴史学派の子」といわれ、歴史学派の内部からの方法論的な批判・発展にいっそう意識的にとりくんだ。『社会科学方法論』（1904）と訳された論文にもみられるように、とくに歴史学派にみられる直感的・実体論的法則観や、新歴史学派における政策的主張と客観的認識との混同を克服して、価値判断を離れた社会科学の客観的認識可能性を重視した。そのため、研究者は複雑な歴史的・社会的現象から、特定の諸要素を選択して仮説的な「理念型」（Idealtypus）を整合的に形成し、これと歴史的現実との適合性や偏差を検討することで、歴史的・社会的現象の個性的特性を客観的にあきらかにしうるとみなしたのである。

たとえば、国家がそのときどきにどのような政策をとるべきかは、「神々の争い」として、客観的認識をめざす社会科学が判断すべき課題ではない。しかし、ある政策課題が所与とすれば、その手段とされる具体的政策との適合性については、理念型による歴史研究の一環として、客観的に考察できることになる。

そのような方法論にしたがい、人間の行為をその動機から解明しようとする理解社会学の観点から生まれたのが、理念型論の方法を用いて執筆されたウェーバーの『プロテスタンティズムの倫理と資本主義の精神』（1904-05）であった。この本は、名著の誉《ほま》れが高い。

そこでは、古代ユダヤ教、仏教、ヒンズー教、儒教、道教などのエートス（道徳的規範）の歴史的意義とともに、北部ヨーロッパ諸国に広がったプロテスタンティズムにおける個人の内心の規律や責任を重んずる特性が、資本主義の成立にいかに適合的であったかを、わかりやすく解明したものであった。それは、その後の経済社会学や経済史学の研究にも多大な影響を与え続けている。

欧米に続き、日本、さらには韓国、台湾、中国などの東アジア諸国の市場経済による経済成長が実現されたのは、儒教文化によるところが大きいのではないか、といった論調が現代にもしばしばみられるのは、ウェーバー的な発想を適用したものといえる。

いずれにせよ、ドイツを中心に形成され、展開された歴史学派は、経済の発展を歴史的・文化的な規範や慣習、さらには社会的な制度や国家の政策などとも広く有機的に関連した、国民経済的な個性をともない、段階的成長をとげるものとみて、いわば広義の経済学をめざしていた。その特性は、経済史、労働経済論、金融論、経済政策論、開発経済論などの経済学の諸分野に、現在もなお多大な影響を与え続けている。

と同時に、ドイツ以外の諸国にも歴史学派につうずる経済学の接近方法は、さまざまな諸国に多様に生まれる傾向もある。古典派経済学の母国イギリスにも、すでにA・スミスにも影響を与えたスコットランド歴史学派の伝統があり、W・バジョット（1826–77）の『ロンバード街』（1873）や、J・A・ホブソン（1858–1940）の『帝国主義論』（1902）などは、あきらかにイギリスにおける歴史学派的な貢献をなしている。

また、新歴史学派の発想は、明治維新後の日本に経済学が輸入される過程で、J・S・ミルにいたる古典派経済学に続き、ドイツに留学した和田垣謙三、高野岩三郎、福田徳三らにより日本の学界にも大きな影響を与え、日本社会政策学会が一八九七年に創設されている。この学会は、やがて日本ではマルクス学派までふくむ経済学の総合学会のおもむきを示すようになり、後発の強国ドイツに学ぼうとする日本の、当時の文化・学問の一般的傾向を印象づけている。

3 制度派経済学

アメリカでは、歴史学派的発想は制度派経済学として影響を拡大する。その重要な発端をなしたのが、T・ヴェブレン（1857–1929）であった。その著書『有閑階級の理論』（1899）や『企業の理論』（1904）などで、ヴェブレンは、古典派経済学や新古典派経済学の自然主義的理論に反対し、経済社会の歴史的変化について、人間の行動心理の慣習の累積的変容や制度的進化の影響を強調した。もともと制作本能こそ富の源泉であり、技術者の思考習性を産み、産業の成長をもたらすはずである。しかし、営利企業の成長が利得本能を肥大化させ、貨幣的見栄と見せびらかしの（衒示的《げんじてき》）消費によってみずからを誇示し、その影響を広げる有産階級の支配する「貨幣的封建制」を産む。そのもとで制作本能や産業が阻害され、独占的大企業の成長がその成長の基盤自体を破壊する傾向が強まっている。労働者や農民の貧困化や恐慌の発生も、そのあらわれといえる、というのである。

これに続き、J・R・コモンズ（1862–1945）は、家族、株式会社、労働組合などの制度の役割を重視しつつ、企業集中について制度学派的な実証研究をすすめた。W・C・ミッチェル（1874–1948）は、経済制度の歴史的進化を重視しつつ、景気循環の現実的研究を展開している。さらにJ・M・クラーク（1884–1963）は、ケインズにさきだって投資の乗数効果に着目し、また独占的大企業の間接費用に関する研究をすすめた。

こうしたアメリカにおける制度派経済学の形成と展開は、経済社会の歴史的進化をめぐり、独占的大企業の成長の制度的役割と、その弊害について、憂慮を深め、それを抑制する方途を探ろうとする意図を、少なくともひとつの重要な動機として推進されていた。アメリカの大学における経済学研究の一翼に、その伝統が引き継がれ、歴史学派的な実証研究が広く企業の組織や制度、行政の役割、労働組合や家族の機能などをめぐり、大切にされているところが少なくない。

たとえば、J・K・ガルブレイス（1908-2006）は、ハーヴァード大学教授として、多くの著作を残しているが、制度派経済学のヴェブレン以来の伝統を伝えていた。著書『ゆたかな社会』（1958）では、アメリカ経済が成功に向かうためには、大規模な公共事業や教育への公共投資が必要になるし、また生産者側の宣伝によって、消費者の本来意識されない欲望がかき立てられる効果にも注意しなければならない、と警告している。この点では、物質生産の持続的増大が経済的・社会的健全性の証であるという通念に疑問を投げかけ、脱成長主義者の最初の一人とも考えられている。この著作はケネディ、ジョンソン両政権で実施された公共投資政策における、いわゆる「貧困との戦い」に大きく影響を与えたといわれている。

他方、R・H・コース（1910-2013）とO・E・ウィリアムソン（1932-）は、経済合理性を前提に、企業が所与の前提のもとで、市場における取引費用と企業内組織による費用とを比較して、市場を利用するのか、企業内組織を形成するのかを選択することを理論化して検討した。そのような研究は、新制度学派とされている。しかし、その理論は、第V

章でみる新古典派ミクロ理論の延長上のもので、ヴェブレン以来の反独占的な批判的制度学派の伝統からは遠くなっている。これに違和感をおぼえる人びとのなかからは、経済体制の転換を視野に入れたネオ制度学派としての制度学派の再生を図る試みや、マルクス経済学を基礎とする制度学派的考察に向かう人びとも生じている。

4　経済人類学と進化経済学

ドイツ歴史学派やアメリカの制度学派は、市場経済にもとづく資本主義の発展について、それぞれの国や地域の歴史的発展段階の相違や特性をめぐり、人びとの文化、習慣、制度、さらには国家の政策などが有機的に作用しあい、経済の動態を形成することに考察の重点をおいていた。こうした問題や関心を、さらに大規模な人類史的視野に拡大して、未開社会を研究対象としてきた文化人類学の成果をもふくめ、人間社会の経済的しくみの歴史的な進化・発展をかえりみる経済人類学としての研究もすすめられてきた。

たとえば、その創始者とされるB・K・マリノフスキー（1884-1942）は、『西太平洋の遠洋航海者』（1922）において、西太平洋メラネシアのトロブリアンド諸島の未開社会のあいだでは、島民が赤い貝の首飾りと白い螺鈿《らでん》の腕輪を逆方向に順次、儀礼的行為をともない交換してゆきつつ、「クラ」交易とよばれる村落共同体間の贈与と返礼による取引をおこない、それぞれの島の共同体を維持していたことをあきらかにした。

ハンガリー出身のK・ポランニー（1886-1964）は、『大転換』（1944）などの著作で、ほぼつぎのように述べた。すなわち、さまざまな社会の経済生活を統合する様式には、互《ご》酬《しゅう》、再配分、交換の三類型がある。互酬とは、財やサービスの贈与とそれへの返礼がおこなわれる経済関係のことである。再配分は、社会の中心に財やサービスが集められ、それが社会成員に分配される関係で、社会に権力が存在していれば、その関係が権力的な上下関係のもとに組織されやすい。交換は、財やサービスが商品として取引されるしくみで、もともとは共同体のあいだに発生した貨幣や商業が、やがて諸社会内部にもおよび、市場経済とそこでの交換を一般化してゆく。

もともとこれらの経済統合の三様式は、資本主義以前の諸社会ではさまざまに比重やしくみを異にしながら組み合わされて用いられていた。そのなかで、市場経済による商品取引は、互酬、再配分の秩序をそこなわないよう、非市場的制度や習慣、規範により社会的な制約をうけていた。ところが、資本主義市場経済は、社会のなかに埋め込まれていた営利的商品取引を、もともと商品として生産しえない労働力、土地、貨幣についてまで拡大し、それらの「擬制商品化」にともない、社会経済の基礎をなす人間と自然に広範な破壊作用をおよぼす。こうして社会から離床して、その基本に破壊作用を強めるにいたった市場経済の無理が、一九三〇年代以降の「大転換」をもたらし、社会の側の自己防衛として、市場経済をふたたび社会的制御のもとに再着床させる試みが世界的に求められ、実行されつつある。

ポランニーがそのような「大転換」として念頭においていたのは、現実には、一九二九年にはじまる大恐慌の災厄と、それを転機に進行していたニュー・ディールとファシズム、さらにはそれにさきだつソ連型社会主義のそれぞれに国家主義的な経済再生の試みであったといえよう。もっとも、ポランニー自身の望ましい未来社会像は、そのいずれでもなかったように思われる。一九二〇年代以降の（国家主義的な）集権的計画経済は理論的に可能か否かをめぐって争われた、いわゆる社会主義経済計算論争について、彼は、市場経済か、集権的計画経済か、という二分法に疑義を呈して、むしろ生産者協同組合などのような協同組合組織を基本とする「機能的社会」に期待をよせていた。

現代世界に再現している自然環境の危機と、一九三〇年代を想起させるサブプライム世界恐慌の災厄のもとで、ポランニーの経済人類学によるこうした「大転換」論は、あらためて魅力を増しているといえよう。

資本主義市場経済の自生的成長・発展や、その限界をこえる代替的経済システムの可能性を歴史的な有機的現象として考察する歴史学派、制度学派、経済人類学の問題関心は、ダーウィン以来の生物学における進化論を社会経済システムの考察に適用しようとする発想を、その内部に多かれ少なかれはらんでいた。広く多様な経済主体の慣習やかぎられた知識にしたがう行動が、経済環境に適応し変化しつつ、経済システム全体にも進化をもたらす動態的関係に意識的に関心をよせ、進化経済学として発展させる試みが近年、世界的に広がっている。

そこには、新古典派ミクロ理論やその発展としてのゲームの理論を基礎とする、企業や産業の進化ゲームのような分析もふくまれている。しかし、一九八九年に創設された欧州進化経済学会などでは、最終章でみるようなマルクス経済学も重要な考察基準として活かし、資本主義経済とその限界をこえる代替的経済体制の模索が続けられている。

たとえば、その学会で指導的役割を果たしているイギリスのG・M・ホジソン（1946–）は、『経済学とユートピア』（1999）において、知識労働者の役割が顕著に増大している現代の資本主義のなかから、やがて労働者が無形生産手段（専門知識）を所有する「株主知識組合」としての企業体が増大してゆく「市場知識主義」に進化するか、あるいは労働者知識協同組合のような企業が、資本主義企業や国有企業とともに成長してゆき、それによって社会主義的で協同組合的な倫理が支配的となる「市場・認知社会主義」へ社会が進化する可能性を強調している。

ソ連型社会主義の崩壊をうけて、資本主義の優位性の根源をなすとみなされている、複雑で多様な知識や情報にもとづく技術革新の推進システムの重要性を認めつつ、国家主義的な集権的計画経済によらない、知識労働者主体の同権的株式企業組織や生産者協同組合の進化成長に、あらためて代替的経済システムの期待がかけられているわけである。ポランニーの社会主義論ともつうずる発想が、そこにも示されているといえるであろう。

第V章

新古典派経済学の方法論的個人主義

1 新古典派経済学とはなにか

歴史学派は、古典派経済学の普遍的な理論構成とそれにもとづく自由貿易論に反発して、国民経済の歴史的発展段階、個別的文化や倫理の差異を強調する方向に歩みをすすめ、経済学の理論研究から離れていった。これにたいし、新古典派経済学（neo-classical economics）とマルクス経済学は、経済学の理論研究を新たな方向に発展させていった。

そのさい、新古典派経済学は、①古典派経済学の重要な基礎であった客観価値論としての労働価値説を放棄して、方法論的個人主義にたった主観的な選択行為における、限界原理にもとづく市場での価格決定論に、経済学の主要問題を帰着させる限界学派としての特徴を示している。

とはいえ、②市場経済とそれにもとづく資本主義経済のしくみを、自然的自由の秩序として絶対視する自然主義的発想は、古典派経済学から継承し、多くの場合、その理論研究の枠組みの前提としている。

それにともない、③多くの新古典派経済学の理論は、物理学のような自然科学をモデルとして、古典派経済学とも異なり、数理経済学としての特性を多様な理論モデルの提示において強めてきた。

これらの点において、マルクス経済学が、資本主義市場経済のしくみの歴史性を理論的に考察し、それによって古典派労働価値説の残した難問を内在的に解決しつつ、その基本を継承していく接近方法と、新古典派経済学は大きく競合関係にある。

この競合関係には、多様な側面がふくまれていた。

その諸側面のなかで、それぞれの学派としての特性に優越性を強調して、他方の欠陥を一方的に攻撃し、排撃しあう傾向も顕著であった。たしかに、資本主義市場経済のしくみを基本的には自然的自由の秩序とみなし、人間の本性に最適な経済システムとみなしがちな新古典派体系からみれば、そのしくみの歴史的な限界と内的矛盾を体系的に解明して、社会主義の論拠を探るマルクス学派の接近は、思想的に偏った学問にみえるかもしれない。

しかし、マルクスによる経済学は、資本主義の経済的しくみを思想的に批判するために、社会主義思想に依拠した理論や分析をめざすものではない。むしろ、歴史的事実と論理にしたがい、客観的な学問的認識として、資本主義経済のしくみや発展の特性をあきらかにすることを課題とするものであった。そして、資本主義を是認する思想や政策の意義も、またこれに対抗する社会主義の思想、運動さらには実験の試みの意義も、ともに理解しうることになるはずなのである。

新古典派経済学による理論家も、すべてのものがマルクス経済学に思想的に否定的に対立していただけではない。マルクス経済学の基本とする労働価値説とその展開に、学問的にとりくみ批判を加える試みもくりかえしてきた。マルクスの経済学から示唆をえたと思われる新古典派の理論的貢献も稀ではない。資本主義のしくみをのりこえる社会主義の可能性についても、否認する理論家のみではない。

他方、マルクス学派においても、とくにソ連型集権的経済の崩壊後、市場社会主義の多様な可能性や、それにいたるステップとして、新自由主義に対抗する資本主義経済の社会民主主義的な統御への新たな基盤や課題を重視する方向が世界的に探られつつある。そのなかで新古典派理論の系譜での厚生経済学の展開や、ケインズ主義の政策手段の意義にも、再評価がすすめられつつある。数理経済学としての新古典派的手法も、一九七〇年代以降の欧米諸国におけるマルクス経済学のルネッサンスの過程で、あらためて利用可能性が広げられている。

本章でも述べるように、近代以降の資本主義の発展とそれをのりこえようとした社会主義との双方にわたり、歴史の多重危機が深まっているなかで、むしろ経済学全体に重大な試練と危機が訪れているのであり、両学派の競合関係を、これにどう活かせるかが問われているのではなかろうか。

ふりかえってみると、新古典派経済学の発端は、一八七〇年代初頭に同時多発的にオーストリア、スイス、イギリスの三地点で提起された「限界革命」にあった。ドイツでは、旧歴史学派に代わり、新歴史学派が社会政策学会を形成する時期にあたる。

日本では、古典派経済学についで、社会政策学派としての新歴史学派が大学を中心とする学界で重視され、さらにマルクス経済学が導入されて支持と関心を集めていた。新古典派経済学はそれらにやや遅れて移入され、第二次世界大戦後のある時期まで、「近代経済学」とよばれていた。しかしそれは日本的な呼び名で、最近では世界的にもつうずるように新古典派経済学とよばれることが多くなっている。

その内容には、広狭三様の意味がある。前後の文脈でどの意味に用いられているのか、判別しなければならないことになる。

すなわち第一に、最も狭い範囲では、次節でみる三地点での限界革命において、イギリスに生じ、ケンブリッジ大学のA・マーシャルにより一連の研究者を育てていったケンブリッジ学派が、ミクロ（個人の選択行為にもとづく）価格理論とあわせ、古典派経済学が関心をよせていた経済の成長や、階級間の分配問題などにも考察をすすめる傾向を示し、その意味で新古典派といわれた。

第二に、「ケインズ革命」以降のマクロ（国民所得など巨視的集計量を重視した）経済動態の分析と対比して、それ以前の限界革命以降のミクロ価格理論の研究全体を、新古典派経済学とよぶこともある。なお、ケインズ自身は、さきに第Ⅲ章でもふれたように、『雇用、利子および貨幣の一般理論』（1936）の冒頭で、マルクスの発明した用語としての「古典派経済学者」の規定に、マーシャル、エッジワース、およびピグーもふくめるとしていた。しかし、それは、供給がそれ自身で需要を産むというセー法則を前提とし、つねに完全雇用均衡が達成されるはずであるとみなす理論家たちを一括し、みずからの理論と対置しようとしたものであり、ケインズがみずから認めているように、やはり「語法違反」であろう。理論の基礎が労働価値説から離れている限界革命以降のミクロ価格理論は、その後、そうよばれているように「新古典派」経済学とするのがやはり適切である。

第三に、第二次世界大戦後のアメリカで、サムエルソン（1915–）らがミクロ価格理論とマクロ経済学とをあわせて新古典派総合（neo-classical synthesis）とよび、これを教科書として普及させた。それがアメリカから世界の諸国にも広がって、主流派経済学ともよばれるにいたる。

本章の表題は、この第三の最広義の用語法にしたがっており、それは日本で近代経済学（近経）とされてきた総称にほぼ一致している。その内部で、ミクロ価格理論とマクロ経済学とが理論的・整合的に統合されているかどうかは、大いに疑わしい。とはいえ、ケインズ経済学も資本主義経済を所与の前提とし、方法論的個人主義にたって、心理的・主観的な選択を分析の基礎として重視する限界学派の特性をミクロ価格理論と共有している。

もっとも、一九七〇年代初頭まで支配的であったアメリカの新古典派総合は、資本主義の不安定性について、ケインズ本来の理論的洞察から離れて、適切な国家の有効需要管理により、完全雇用は達成可能であることに重点をおく傾向があった。ところが、その後に生じたインフレと失業の共存（スタグフレーション）をともなう深刻な経済危機に、ケインズ的有効需要政策はむしろ逆進的作用を示し、ひところ大きく信頼を失った。

そこで、あらためて新自由主義による市場の自動調節作用に信頼をよせて、有効需要政策の無効性を主張する一連の「新しい古典派」（New Classical）経済学が台頭している。たとえば、A・B・ラッファーらの「供給の経済学」、M・フリードマンらの「マネタリズム」、R・E・ルーカスらの「合理的期待形成学派」などがそれにあたる。それらは、ケインズ以前の上述の第二の意味で、ミクロ価格理論の特徴の一面を継承し、反ケインズ的な新自由主義マクロ経済政策の基礎として、それを現代化し拡張する試みとみてよい。

2　限界革命とミクロ価格理論

ケインズ経済学をもふくむ広義の新古典派経済学の発端をなしたのは、一八七〇年代初頭にほぼ同時に西欧三カ国で提起された、「限界革命」とよばれる経済学の基礎理論の革新の試みであった。そこでは、古典派経済学の理論的基礎をなしていた（生産の技術的体系から導かれる）客観価値論としての労働価値説が放棄され、それに代わり（個人の選択行為から導かれる）主観価値論としての需給論的価格理論が、経済学の基礎であり、経済学のすべての問題はこれにてらして解明されてよいと考えられている。そのような発想を共有しながら、三カ国で発生した限界革命は、それぞれに異なる特徴的な思想と理論を形成し、三つの学派にわたり、ミクロ価格理論とそれにもとづく経済学の展開をもたらすこととなった。

（1）オーストリア学派（限界効用学派）　ウィーン大学教授C・メンガー（1840-1921）の著書『国民経済学原理』（1871）は、限界革命のひとつの発端となった。それとともに、これを継承し発展させた第二世代のＥ・フォン・ベーム＝バヴェルク（1851-1914）やＦ・フォン・ヴィーザー（1851-1926）を経て、第三世代Ｌ・Ｅ・フォン・ミーゼス（1881-1973）やＦ・Ａ・フォン・ハイエク（1899-1992）らにいたるオーストリア（ないしウィーン）学派の起点ともなった。

そこでは、まず人間の欲望充足に直接役立つ低次財（消費財）について、同じ財を追加的にえてゆくと、その欲望充足に与える満足度（効用）は低下してゆくとする「限界効用逓減の法則」が前提とされた。その前提からまた、かぎられた予算制約（所得）のもとで、多様な消費財を選択してゆくと、最終的な支出単位について各財からえられる満足度としての「限界効用均等化の法則」が成り立つさいに、主観的満足度が最大化されるはずであるとみなされた。

経済主体としての各個人がそれぞれに有する財やサービスを手放して、市場で他の消費財と交換し入手してゆくさいの主観的満足度も、こうした限界効用の逓減と均等化の法則にしたがう。そのような個人としての経済主体の所有し供給する財やサービスと、それへの需要としての限界効用をめぐる選択行為をつうじ、消費財の相互的交換比率ないし相対価格は体系的に決定される。

こうして消費財についての需給均衡的な価格体系が与えられれば、それらの生産への貢献度に応じて、高次財（生産財）についても、相対価格が与えられ、帰属してゆく。これが生産財についての交換価値の帰属理論といわれた。

ほぼ、こうした個人としてのミクロ経済主体の選択行為について、限界効用の役割を重視して価格理論を提示展開していることから、オーストリア学派は限界効用学派ともよばれる。それは消費者主権の発想ともいわれ、消費者の選択的需要の意義を重視するミクロ価格理論のひとつの典型的伝統を形成してきた。

もっとも、この学派の基礎となった限界効用理論は、すでにH・H・ゴッセン（1810–58）らによっても先駆的に示されていた。また、限界革命以降のミクロ価格理論一般の共通の基礎ともなっていた。とはいえ、メンガーにはじまるオーストリア学派は、これを経済学の新たな理論的基礎として、帰属理論などをふくめ、体系的に拡充しつつ、方法論的個人主義による理論経済学の特質を、自由な市場経済への信頼とあわせて強固につらぬいてきている。

それは、ドイツ語圏にあって、社会政策学派としての新歴史学派の支配的影響とマルクス経済学の労働運動や社会民主党への影響拡大との三角関係の、学問的に刺激に富んだ魅力的磁場をなしていたウィーンに、拠点をおいていたことから生じた特質でもあった。

たとえば、前章でもふれたメンガーがシュモラーに批判的に挑戦した方法論争は、すれ違いに終わったとはいえ、たんに実在的・経験的接近を重視する歴史学派の方法にたいし、理論経済学の存立可能性を、古典派労働価値説からも分離された、新たな方法論的個人主義の立場から精密科学として主張するものとなっていた。

ついで第二世代のベーム＝バヴェルク（1896）は、古典派労働価値説を批判的に継承したマルクス価値論の論証の成否と生産価格論への展開の意義をめぐり、限界効用学派の観点から、検討を加え、非マルクス学派によるマルクス価値論批判の一典型を提示した。

たとえば、『資本論』の冒頭で、諸商品の交換関係から、それぞれの異質性を示す使用価値を捨象すると、同質的価値の実体としての労働の結晶が析出されるという「蒸留法」は、あらかじめ労働生産物のみを商品として想定する前提によるものである。また欲望を充足させる使用価値にも、効用としての同質的可測性を認めうるのではないか。そのうえ『資本論』第一巻で説かれる等労働量交換を内実とする価値の規定は、第三巻で示される、費用価格と平均利潤の和としての生産価格の規定と矛盾している。さらに、同じ時間に熟練労働ないし複雑労働が産みだす商品価値を、単純労働の産みだす価値にどういう比率で還元するか、生産者の背後におこなわれる社会的過程によるとマルクスが述べているのは、商品の交換比率を投下労働から説明するはずの原理を、ここでは逆に商品の交換比率から投下労働量を決定する循環論証になっていないか。

ベームのウィーン大学でのゼミナールにはJ・A・シュンペーターやR・ヒルファディング（1877–1941）が学生として参席していた。ヒルファディングは、次章でみるように、マルクス理論家としてベームへの反批判（1904）をあらわす。この両者の応酬がその後くりかえされるマルクス価値論論争の古典的一源泉となった。

ベームはまた、マルクスの労働価値説にもとづく剰余価値論に対抗して、高次財を資本として使用するさいにえられる剰余価値について、『資本および資本利子』（二巻、1884, 89）において、利子を時差説により説明している。それは、現在財が将来財より効用が大きいとみなし、将来財は現在財より効用が低い分だけ、利子率により割り引かれて評価されるとする理論である。さらにその論拠として、①供給の増大、所得の増加により将来財は希少性が下がる、②現在を将来より重視する心理的傾向、③現在財は迂回生産に用いて、将来財をより多く獲得しうる、といった三点があげられている。

この時差説は、メンガーの帰属理論でも、その後の静学的需給均衡を想定するミクロ価格理論でも説明しがたい剰余価値として、利子の存立根拠解明の試みをなしている。しかし、その論拠のうちの②については、人間の心理的傾向として論証できるかどうか（むしろ逆の心理も働かないか）、あるいはその心理は利子の一般的存在を前提にそれこそ循環論証的に生じている傾向ではないか、とも思われる。ベーム自身も、①とも関連していた③に重点をおいていた。しかし、その論拠では、定常状態やさらには縮小が予想される経済状態では、利子の存立を説明できないことになる。

それとともに、資本の運動が利子をむしろ派生形態として産出する利潤としての剰余価値については、その理論では考慮の外におかれている。資本主義のもとでは利子や地代も、そこから支払われることの多い利潤としての存立根拠や、その法則的運動の解明に重点をおいていた古典派からマルクスにいたる剰余価値論にくらべ、ベームによる資本利子論は、表層的で部分的な理論にとどまり、現実的迫力にとぼしい。剰余価値論は、ベームによる挑戦以降も新古典派経済学にとっての最大の理論的弱点のひとつとして残されてきているといえよう。

これに続き、一九二〇年から三〇年代にソ連型集権的計画経済の合理的存立可能性をめぐり、オーストリア学派第三世代のミーゼスとハイエクらがしかけた、いわゆる社会主義経済計算論争も注目に値する。その論争も、この学派が新古典派のなかで、とくにマルクス学派との対抗関係を重視し、方法論的個人主義により経済生活の社会的統御に反発する特徴をよく示している。

すなわち、ソビエト社会主義成立を背景に、ミーゼス（1920）は、つぎのような問題を提示した。社会主義共同体では、生産財が公有され、公的に配分される。そこには市場による交換も貨幣も価格も存在しない。そこで、計画当局は、達成すべき目的実現に複数の生産方法が可能な場合、どの方法が費用最小となるか、確定すべき経済計算ができない。

代替的に考えられるのは、労働量による経済計算である。しかし、たとえば一単位の生産要素aが一労働時間の産物で、それを二単位に八労働時間を加えて産出されるPと、a一単位に九時間の労働を加えて産出されるQとを、同じ一〇労働時間の産物として等価とするのは、（生産財に追加されるべき利子ないし利潤費用を考慮すれば）誤りで、Pのほうが高価なはずである。また、熟練労働を単純労働に還元する換算比率も明確でない（こうした論点には、ベームによるマルクス価値論批判が継承されている）。

それゆえ労働量も経済計算の合理的尺度にならないとすれば、市場での価格も存立しない生産財の社会主義共同体での使用や配分にさいしての合理的計算はできないことになるので、「闇夜の手探り」を経てその経済は破滅と滅亡にいたるほかはない。

このミーゼスの予言は、それから七〇年を経て、ソ連崩壊により実証されたとみてよいのであろうか。あるいはその間、ソ連が大恐慌や第二次世界大戦の試練をのりこえ、アメリカに挑戦する第二の強国としての経済建設をすすめた過程における経済計算や計画には、それなりの合理性が存在していたとみて、その理論的意義を解明する必要もあるのではないか。ミーゼスの提起した論点をめぐる一連の社会主義経済計算論争には、このような現代的課題につうずるところがあった。

さしあたり、生産手段を公有化する社会主義の合理的存立可能性を擁護する観点で、ミーゼス、ついでハイエクの批判に有力な解答を提示したのは、おもしろいことに同じ新古典派ミクロ価格理論のなかで、次項にみる一般均衡理論に依拠した一連の理論家たちであった。

たとえばH・D・ディキンソン（1933）は、社会主義社会の最高経済評議会は、①市民が貨幣所得にもとづき各消費財の価格に反応するデータから得られる需要曲線、②各消費財一単位の生産に要する生産要素を示す生産関数、③各生産物の販売価格とその生産要素の価格合計との等置関係を示す関数、④価格によって入手可能な生産要素の供給関数、についての完全な統計的情報を集め、それにもとづき均衡価格を未知数とする連立方程式を組みあげてその解を求めることにより、各種労働者をふくむ生産諸要素の完全利用を実現する合理的価格体系を確定できると主張した。

ハイエク（1935）は、この立論に論理的矛盾はないとしつつ、多数の消費財についての、しかも、時々刻々変化する需要についてのデータを収集する作業は困難であり、それらが整った後でも、少なくとも数十万におよぶと思われる生産物について、その数に等しい本数の連立方程式を組み立てて、それにもとづき合理的均衡価格の解を求めるのは、「一生かかっても仕上がらない仕事」であって、実際的には実行不可能であると反論していた。

これにたいし、O・ランゲ（1936-37）は、そのようなデータの収集や、それにもとづく連立方程式の作成とその解を求める作業を不要とする試行錯誤の方法を提唱する。すなわち、労働者の所得に応じた各種消費財や職業選択の自由を前提に、各産業や企業の管理者は、それぞれの生産物の限界費用が製品価格に等しくなるように産出高を決めるルールにしたがうことにし、公有化されている生産財については価格表を中央計画局がまず暫定的に提示し、それにともなう消費者と企業の反応を、（実際の市場かアンケート調査によるシミュレーションかで）確かめ、需要にたいし供給が不足する生産財の価格は引き上げ、供給が需要を上回り完全利用に達しない生産財は、価格を引き下げる試行錯誤をくりかえせば、比較的速やかに均衡価格の体系を確定できるとした。

それは、いわゆる市場社会主義の理論モデルを提示して、社会主義経済計算論争における社会主義の合理的存立不可能論へ、体系的な反論を与えたものとみられる。そのさい、ランゲは、労働者の所得に、各種の労働への市場における需給にしたがった報酬（賃金）

とあわせて、公有されている生産手段から生ずる所得部分（資本主義では利潤や地代や利子にあたる）の公正平等な分配分が加えられる二重構造を想定していた。後者の部分は、社会主義社会で容易に実現されるべきベーシック・インカムに相当するとみてよい。またそれとともに、社会的所得から控除され、蓄積と生産拡大の基金にあてられる比率やその大きさが、社会的合意により戦略的に決定できることにも、社会主義の特徴が認められている。

ランゲによる社会主義の合理的存立可能性の擁護は、マルクス学派のM・ドッブ（1937）やP・M・スウィージー（1949）によっても歓迎され支持されていた。とはいえ、ランゲの理論モデルでは、なお消費者の個人主義的で受け身の選択を出発点とする価格理論に依拠し、社会主義も資本主義に劣らない合理的価格体系を決定できることに重点がおかれていた。そこでこれに加え、むしろ消費者からの新たな消費財やサービスを求めるイニシアティブや、投資の社会的により合理的で適切な決定、それにともなう発展経路の戦略的決定などに社会主義は優位を示しうることも、ドッブやスウィージーは強調していた。

とはいえ、社会主義経済計算論争が新古典派ミクロ価格理論を大枠として展開されていたのにたいし、マルクス価値論の成否をめぐる価値論論争の系譜が、あまり関連性を追究されなかったことは、学説史上意外な欠落をなしている。

それは、ドッブやスウィージーも当時は期待をよせていたソ連型集権的社会主義のもとでの計画価格の決定や、その背後における、労働の量関係へのソ連の計画当局や経済学者たちの関心の薄さにも影響されてのことと思われる。かといって、その計画価格の体系は消費者の個人的選択にもとづく需給調整を重視した、新古典派ミクロ理論に近いものであったとも思えない。投入・産出の技術的体系の再生産を物量体系として基礎とする、ある種の客観的均衡価格決定論が、いわば費用価格の積み上げと、そのバランスの試行錯誤的な訂正作業をともない、ソ連型社会の公定価格決定の実際的論理をなしていたといえるであろう。それはのちに（本章4で）もふれるP・スラッファ（1960）の新リカード学派的価格理論に、事実上、最も近いものであったと考えられる。スラッファもソ連も、それに論及していないのも、経済学の歩みにおける不思議な謎ではなかろうか。

オーストリア学派を代表して、この社会主義経済計算論争を推進したハイエクは、ランゲの理論的反論をうけて、みずからの市場経済像を屈折させ、設計主義的な社会主義にたいする市場経済の優越性の重点を、資源配分の効率性より、むしろ競争をつうじ各個別主体が言語化されず一般化もされないような「暗黙知」を発見しつつ、新技術、新製品、さらには社会経済上の諸制度や組織を自生的に産みだす作用にあると、強調するようになった（D・ラヴォア（1985）、西部忠（1996））。

それは、I・カーズナー（1930-）やラヴォアら、現代オーストリア学派といわれる一連の理論家たちが、市場を知識の発見、イノベーション（技術などの革新）の自生的創出過程とみなし、それによって、ソ連崩壊や新自由主義の意義を説く傾向に継承されている。ハイエクもオーストリア学派の伝統とともに、ソ連崩壊と新自由主義の支配下に再発見されつつあるといえよう。

(2) ローザンヌ学派（一般均衡学派）　限界革命の第二の発端は、スイス、ローザンヌ大学教授L・ワルラス（1834-1910）の主著『純粋経済学要論』（1874, 77）によって与えられた。ワルラスは、オーストリア学派の限界効用にあたる概念を、「希少性」（rareté）とよび、同種の財を追加的に入手してゆくさいに、その希少性（効用）は逓減してゆくとみて、各経済主体が交換をつうじて入手する、各財からえられる満足度（効用）の総量が最大化されるようにふるまうものと想定した。そこから、すべての財が売れ残らないような需要と供給の均衡を実現しうる価格体系が、一般均衡体系として確定される論理を、ほぼつぎのような理論的方法と経験的方法との二つの方法に分けて述べていた。

そのうちの理論的・数学的方法は、一般均衡体系において各財の需給均衡を実現する価格と、すべての財についての取引数量とを未知数とする方程式群を組みあげて、その未知数に解がえられることを確認するやり方である。その方程式群は、①各経済主体が所有する財の初期賦存量の制約のもとで、他の諸財を市場で価格を介し交換してゆくさいに、効用最大化を図る主体的均衡条件から導かれる各財に関する需要・供給方程式群と、②各財の需要・供給の均衡を示す方程式群とからなる。

たとえば、ある社会に経済主体がn人、商品として交換される財がm種類あるとする。①を示す、すべての財についての各人の主体的均衡をあらわす需要・供給方程式群はnm本成立する。②を示すすべての財の需要・供給の均衡をあらわす方程式はm本になる。そこで、この市場経済社会についてあわせてnm+m本の方程式群がえられる。そのうち、任意の財を価値標準（ニュメレール）とするなら、それ以外の「すべての財の需給が均衡するなら、価値尺度財の需給も均衡する」というワルラス法則により、ひとつの方程式は他の方程式群から導き出せるので、独立の方程式はnm+m-1本となる。そのなかに価値標準財であらわされた価格m-1個と、すべての財についての取引数量nm個、合計nm+m-1個の未知数がふくまれている。こうした構造で組み立てられた連立方程式に、方程式の数と同数の未知数がふくまれているかぎり、未知数には解がえられるはずである。

他方、もうひとつの経験的・実際的方法は、現実の市場が一般均衡価格の体系にいかに到達するかを考察するもので、ワルラスはそれを模索（タトヌマン tâtonnement）により実現されるとみなしていた。そこでは、競売人が競《せ》り市で各財の価格を提示しては、超過需要があればその価格を上げ、逆に超過供給があれば価格を下げる模索過程をつうじ、すべての財の需要と供給が一致する均衡価格の体系を導けるものとみなしていた。

前項でみた社会主義経済計算論争のなかで、ディキンソンはワルラスの一般均衡理論の数理的解法を、ランゲはその実際的模索による解法をそれぞれ社会主義経済の合理的存在可能性の証明に適用したことになる。

ワルラス自身も、若い頃は、サン＝シモン派の社会主義に惹かれていたのであり、経済的効率性と個人的自由とを重視する「自由社会主義」を望ましいものと考え続けていたのであって、ランゲの市場社会主義の理論モデルは、その精神を汲むものであったとも解釈できる。新古典派ミクロ経済学の理論も、少なくとも一般均衡学派の伝統には、社会主義の理念と接合可能とみなされているところがある。それは経済学の思想と理論の関係の多様性ないし弾力性をめぐり、注目に値するところであろう。

フランス出身のワルラスの理論を継承し、発展・普及させたのは、ローザンヌ大学でのワルラスの後継者でもあったイタリア出身のV・パレート（1848-1923）であった。

パレートは、まずワルラスもメンガーやベームらのオーストリアンも、ともに効用の可測性と基数的集計・比較可能性を想定していたのにたいし、効用は心理的なものなので、可測性も基数性もないと主張した。もともと自然数には、物の順序を示す序数の機能と、物の個数を示す基数の機能とがある。パレートは効用の基数的扱いには反対して、それに代わる序数的扱いを提唱し、消費者の心理における異なる財の組み合わせをめぐる無差別曲線、ないしは無差別系組織を想定する選択の理論にミクロ価格理論の基礎をおきかえた。

それによって交換価値の実体論的で因果論的とり扱いの無理を避けて、需要、供給、生産、消費、価格、所得といった経験的に認識しうる諸変量のみから、関数的相互依存関係として一般均衡理論を純粋に構成しうると考えた。それは、理論経済学を古典物理学的世界から現象学的物理学の世界に近いものとしたと考えられる。

パレートは、ついで、そのような選択の理論にもとづき、だれをも不利にすることなしに、だれかを有利にする変化をパレート改善とよび、その余地がない状態、すなわちだれかを不利にすることなしにはだれをも有利にしえない状態を「パレート最適」と規定した。そのうえで完全競争のもとで達成される一般均衡体系は「パレート最適」であることも示している。これが後の厚生経済学の第一命題とされる。

もっとも、パレートは、所得や財の社会構成員へのさまざまな配分関係に対応して、無数のパレート最適状態があることも認識していた。そのいずれが望ましいのかを問うことは、価値判断をともなうこととして分離して、所与の初期賦存量のもとでの「パレート最適」を資源の配分利用の効率性問題とすることが、ある時期以降の新古典派厚生経済学の支配的傾向となってきている。

ついでイギリスのJ・R・ヒックスが『価値と資本』(1939)において、無差別曲線にもとづく効用最大化の理論や一般均衡の静学的安定性の条件を明確化する作業をすすめ、あわせて消費者余剰の概念を明示して、新厚生経済学を確立する試みをすすめた。

さらに、ワルラスの一般均衡理論の、より厳密な数理的均衡の存在やその均衡の安定性の証明については、一九五〇年代以降もK・アロー(1921-)、F・H・ハーン(1925-)、根岸隆(1933-)らにより補完され現代化されつつある。

J・A・シュンペーター(1883-1950)は、ウィーン大学でベーム＝バヴェルクのもとで学んだにもかかわらず、ローザンヌ学派の有力な継承者とみなされることが多い。実際、その処女作『理論経済学の本質と主要内容』(1908)は、ワルラスに「一人の弟子の書物」としてささげられている。

そこでは、与件としての人口、欲望、生産技術、社会経済組織などが一定であれば、経済の循環において一般均衡論として説かれる静態的体系が成立することを純粋理論として、数学を使わずにあきらかにしている。その一般均衡の枠組みのなかでは、利子も企業者利潤も成立しえないとされている。

しかし、これに続いて執筆した『経済発展の理論』(1912)では、一般均衡理論の枠組みをこえた経済動態の理論が提示されている。そこでは、経済の定常状態を打破して、変化・発展をすすめる主体として「企業者」としての資本家が、銀行の信用創造をも利用しつつ、新結合ないし技術などの革新(イノベーション)をもたらす役割が強調されている。とくに、新商品、新生産方法、新市場、新資本、新組織の五つの分野で、イノベーションが追求されやすい。イノベーションにともなう動態的過程で企業者利潤が発生し、その分配分として利子も成立する。

こうしたシュンペーターの動態理論の発想の源は、あきらかにマルクスによる資本主義の動態論にあり、とくに、そのなかでの技術革新を先行的に実現する、先駆的資本の獲得する特別剰余価値論にあった。それは反マルクス的なベームの時差説による資本利子論とは異なる利潤、利子の成立理由を、新古典派体系のなかに、親マルクス的に導入する試みをなしていた。とはいえ、ベームと同様、シュンペーターも定常状態でも成立しうる資本利潤としての剰余価値の説明はなしえていない。

シュンペーターは、一九三二年にナチスの支配を逃れハーヴァード大学教授となり、その動態論の延長上の『景気循環論』（1939）で、資本主義に顕著な景気循環現象について、大規模と中規模のイノベーションのひきおこす、ほぼ五〇年周期のコンドラチエフ循環と、ほぼ一〇年周期のジュグラー循環、およびほぼ四〇カ月周期のキチン在庫循環を組み合わせ、それらの合成波動として景気循環の歴史と現実に分析をすすめている。

それとともに、シュンペーターは『資本主義・社会主義・民主主義』（1942）などで、独占段階に達した大企業の官僚化した経営機構では、自由な革新機能を発揮する企業者の役割が失われ、資本主義の利点であった発展への動因が消滅しつつあると説き、社会主義経済における文化的不確定性やそれにともなう革新機能に期待していた。そこにも親社会主義的なローザンヌ学派の批判的知性の継承がうかがえる。

(3) ケンブリッジ学派（狭義の新古典派）

同時多発的な限界革命第三の発端は、イギリスでマンチェスター大学やユニヴァーシティ・カレッジの教授をつとめたW・S・ジェヴォンズ（1835–82）の『経済学の理論』（1871）にあった。

そこでは、それぞれの財についての限界効用逓減の法則にもとづいて、「快楽と苦痛の微積分学」としての交換の理論を提示する試みがすすめられている。たとえば、小麦をa量所有しているAが、そのうちのx量と交換に牛肉y量を入手するとする。その結果、A

の手元には小麦が（a-x）量、牛肉がy量残る。x量を少しずつ増やしてゆくと小麦の手持ち量は減り、逆に牛肉の手持ち量yは増大してゆく。それにつれて小麦の最終効用度（限界効用）は大きくなり、牛肉の最終効用度は逆に小さくなるから、両者の限界効用が等しくなるところまで交換がおこなわれるであろう。

こうした発想をもとに、ジェヴォンズもメンガーやワルラスとほぼ同様に自由な個人の限界的な選択行為により、各財の需給が均衡する価格が決定され、それを介してすべての財の交換と配分がおこなわれる論理を、経済学の「静態力学」ないし基礎理論として提示したのであった。

ジェヴォンズをふくむ限界革命の新古典派経済学の歩みを、イギリスにおいて継承・発展させるうえで大きな役割を果たしたのは、ケンブリッジ大学を拠点とするA・マーシャル（1842–1924）であった。その主著『経済学原理（*Principles of Economics*）』（1890）は、それにさきだつ標準的な経済学のテキストとして広く流布していたJ・S・ミルの『経済学原理』に代わる、新たな経済学の代表的テキストとして世界的に広く用いられ続けた。経済学をあらわす用語がpolitical economyからeconomicsに変わったのもこの著書の影響によるところが大きい。

そこでは、限界革命以降のミクロ価格理論が重要な基礎とされながら、古典派経済学が伝統的に重視していた経済の成長や、その動態に関する諸側面にも総合的な考察をおよぼしており、その学風を継承するマーシャル以降のケンブリッジ学派は、オーストリア学派、ローザンヌ学派との対比で、とくに（狭義の）新古典派と特徴づけられている。

たとえば、マーシャルは、ワルラスの静学的で無時間的な一般均衡理論と異なり、価格調整と数量調整とが期間の長短で違った意味をもつ市場経済の時間的構造に注意を向けている。そのうえで、期間が短いほど市場での均衡価格への需要の影響が大きく、期間を長くとれば（古典派が重視していた）生産費の変化の影響が大きくなるとしている。とくに資本設備は所与のまま、企業が産出量水準を調整する期間と、資本設備の調整が企業の参入・退出をともないおこなわれる長期とを区分して、短期正常価格と長期正常価格を分けて規定している。

さらに各産業は、その内部に生長する若木のような企業と、衰退に向かう老木のような企業とが多様に群生している森のような性質を有し、そのなかで個々の企業がライフサイクルをさまざまに経過していても、産業自体は定常状態にある森のように落ち着いた姿を保っていることも多い、と考え、そこに代表的な企業を想定して正常価格を規定することもできるとした。

あわせて、大規模生産の利益（規模の経済）をめぐり、個別企業の内部に生ずる産出量の増大が、経営組織の効率を高め生産費を低下させる「内部経済」効果と、産業全体の成長、地域的集中などが、各個別企業の生産費を低下させる「外部経済」効果をあげる二側面があることにも関心をはらっていた。

こうして産業・経済の動的成長に理論的考察をすすめるとともに、マーシャルは、労働者階級の生活向上と貧困根絶といった倫理的・実践的課題をも、J・S・ミルなどの古典派経済学から継承し、大切にしていた。一八八五年の教授就任講義において、「社会的苦悩を克服するために、みずからの最善の能力をすすんで捧げようとする冷静な頭脳と温かい心（cool head and warm heart）とをもつ人びとの数を、一人でも多くすることが私の念願である」と述べたことも、いまだに語り継がれている。短期的には労賃と利潤とは対立的であるが、長期的には、（生産力の発展を介し）調和的ともなりうるとみて、労働組合運動による賃上げ要求に理解を示していたのも、同様の精神によるものとみてよい。

そのような問題関心によせて、マーシャルによれば、経済学は数学や物理学をモデルとすべきではなく、むしろ生物学をモデルに経済生物学をめざすべきである。そこにはダーウィンの進化論やコント、スペンサーらの社会進化論の影響も認められる。その発想は、前章でふれた制度学派や進化経済学などに、新古典派経済学からも貢献し、流れ込んでゆく重要な源流ともなっていた。

こうしたマーシャルが育てたケンブリッジ学派のなかからA・C・ピグー（1877–1959）らの厚生経済学、ついでケインズ革命が生ずるのも不思議ではない。

ピグーは、マーシャルの後継者として、一九〇八年に三一歳でケンブリッジ大学教授となり、著書『厚生経済学』（1920）において、個別経済主体の効用と社会全体の厚生との関連を国民所得の変動をめぐり、考察し、つぎのような三命題を提示していた。すなわち、①他の条件が等しいなら、国民所得の増加は経済的厚生（人びとの経済的な満足度）を増加する。②他の条件が等しいなら、国民所得のうち貧者に帰属する割合の増加は経済的厚生を増加する。③他の条件が等しいなら、国民所得の変動の減少は経済的厚生を増加する。

その背後には、第一次世界大戦を経て、ロシア革命が生ずるとともに、イギリスをはじめとするヨーロッパ諸国には、労働組合運動が定着して、社会民主主義の拡充を求める傾向が強化されていたという政治経済情勢の変化があり、それにともなう社会経済的な厚生ないし、福祉を重視することを求める人びとの期待の高まりがあった。

もっとも、ピグーの厚生経済学は、とくにその第二命題をめぐり、人びとの効用の基数的可測性や、それを前提とする量的比較・集計可能性を想定しているのではないか、貧者の所得を増大させると、国民所得を減少させる「不調和」を発生させないか、といった論評をL・C・ロビンズ（1898-1984）らの「ロンドン学派」からうける。それを契機に、厚生経済学は、個人間の効用比較による所得配分の問題を扱わず、パレート最適概念による資源の最適配分のみに関心をよせて、価値判断をふくまない実証科学を志向する「新厚生経済学」にすすむ傾向も生じ、結果的に、現実の経済格差や貧困問題に無批判で現状肯定的な姿勢も生じていた。

しかし、そのような新古典派ミクロ価格理論の市場原理肯定的な静学的発想にたいし、経済社会の現実的成長や動態の進路についても大切に考察をすすめ、そこに生ずる社会経済問題の解決にも寄与したいとするケンブリッジ学派の伝統は、その志向性から次項で扱うケインズ革命を産むとともに、現代の厚生経済学においても、社会的選好を民主的・合理的に構成する理論的可能性を求めつつある。そのなかで、あらためて人びとが財の利用からえられる機能の集合としての「潜在能力（capabilities）」を重視し、それを高める方策を推奨するA・セン（1985）などの試みをもたらしていることにも、注目しておきたい。それは、現代における社会民主主義にとっても社会主義にとっても、見逃せない論点をなしているといえよう。

3　ケインズ革命とマクロ経済学

一九二九年一〇月にニューヨーク株式市場の崩落からはじまった世界大恐慌は、第一次世界大戦の衝撃を経て、イギリスに代わり、資本主義の新たな中心国として繁栄を謳歌しているかにみえたアメリカを震源地として、世界経済を崩壊させていった。アメリカにおける失業率は、一九三三年にかけて二五パーセントをこえ、資本主義世界では大量の失業者が深刻な社会問題となり、それをいかに理解し解決するかが問われた。

社会主義経済計算論争において、「闇夜の手探り」の末に、早晩、破滅と滅亡に終わるであろうとミーゼスが予言していたソ連経済が、むしろ五カ年計画を順調に達成して経済建設をすすめ、失業問題を生じさせていないということが、自由な市場経済にもとづく資本主義の危機をきわだたせることにもなっていた。

資本主義世界でも、国家が雇用問題に対処する責務があるのではないか。こうした発想から、一九三三年には、アメリカではF・ルーズベルト大統領のもとで大規模な雇用を産みだすためのニューディール政策が開始され、一九三四年にはドイツでヒットラー政権がナチズム（国家社会主義）をかかげ、軍国主義的・民族主義的政策にのりだした。

第二次世界大戦は、英米仏などの植民地体制をブロック経済化して囲い込みながら、ニューディール型社会民主主義の路線で雇用政策をすすめていた国々に、日独伊のファシズム型軍国主義統制経済による雇用政策を展開した国々が対立的に挑戦して開始された。その大きな災厄のなかで、ソ連もナチスドイツの侵攻に苦しみ、反ファシズム連合軍に参加して、最終局面で東欧諸国に進駐し、ソ連型社会主義圏を拡大することとなった。

こうした世界戦争による人類史的惨禍の発端ともなった大恐慌と、そのもとでの失業問題は、経済学、とくに新古典派ミクロ価格理論にも重大な危機をもたらした。というのは、欧米のアカデミックな理論経済学界で、支配的潮流となりつつあった新古典派価格理論は、自由な市場経済をつうじて、労働もその他の資源も、需給の均衡を実現する価格決定のメカニズムにしたがい完全に利用される合理的な経済が形成されるとみなしていたからである。その理論体系の枠内では、失業問題は、市場が正常に作用していれば生ずるはずがないと考えられていた。そこで、競争的市場メカニズムの正常な作用を阻害しているのは、労働組合の抵抗による賃金の下方硬直性（引き下げにくさ）であり、失業問題もそこから生ずるといった説明がおこなわれ、そこから反労働組合的政策が推奨されるにとどまっていた。

現代の新自由主義のもとでも、こうした発想から、労働組合を弱体化し、賃金と雇用形態の弾力的自由化への政策がとられやすい。しかしそれは、不況局面での非自発的失業の解消に一九三〇年代も現代も、役に立たなかった。むしろ有効需要を縮小し、不況圧力を増大させる悪循環を招く作用が現実に大きいのである。

新古典派ミクロ理論に代表される経済学は、一九三〇年代の大恐慌と、それに続く大不況のもとでの失業問題のような深刻な現実と遊離したユートピア（どこにもない世界）を描いているにすぎないのではないか。かつての政治経済学 political economy としての経済学の現実社会への緊迫した理論的接近の伝統にたちもどり、経済学と現実の大きな乖離を克服する道はないか……。

マーシャルの高弟の一人であったJ・M・ケインズ（1883–1946）は、主著『雇用、利子および貨幣の一般理論』（1936）において、そのような新古典派経済学の危機（現代からみれば経済学の第一の危機）を克服する試みを理論的に展開し、マクロ経済学の基礎を提示した。ケインズ革命といわれるにふさわしい大胆な学問的革新であったといえる。

その主要な内容をそれ以前の新古典派ミクロ価格理論との対比でみれば、ほぼつぎのように読みとることができる。

すなわち、新古典派ミクロ価格理論では、貨幣を、たんに市場での商品の取引を仲介する媒介的流通手段（ないしニュメレール）の機能に狭く限定して理解していた。金貨幣を想定すれば、財のひとつがその機能に選ばれていることになるが、物価水準の逆数にあたるその交換価値はどのように決まるか。限界効用逓減の法則は貨幣には適用できない。そこで、他の事情を一定とすれば、貨幣の数量が増大すれば、その単位あたりの交換価値は低下して物価を押し上げ、逆に数量が減少すれば、貨幣の交換価値は上昇して物価を下げることになるという、貨幣数量説が（古典派経済学から継承されて）用いられていた。

これにたいし、ケインズは、貨幣を需要する動機（流動性選好）には、取引動機のみにとどまらず広く予備的動機や投機的動機もあると規定した。それにともない、貨幣数量が増大しても、不況局面で有効需要が不足していれば、利子率が低く国債などの債券価格が高くなっていても、投資は停滞する。債券投資も（その価格下落をおそれて）ひかえられて、投機的動機から流動性選好が強まり、貨幣は保蔵されがちとなり、貨幣数量説に反し、デフレが続く可能性が高いことも理解しやすくなる。

学説史的にみると、貨幣をたんに取引の媒介的手段としてのみ理解せず、流動的な市場経済における富の代表として保蔵されうることも理解して、マネタリーな側面からも経済の動態を解明しようとした試みは、重商主義を理論的に総括したJ・スチュアートや、古典派経済学の批判にその視点を総合して活かそうとしたマルクスの経済学にも、先行的体系を指摘しうる。ケインズは、古典派や新古典派ミクロ理論の狭い貨幣論の理解にたいし、それら先行的体系をかならずしも適切に認めてはいないが、事実上、それらにつうずる貨幣の一般理論を、あらためて金融市場での投機的流動性選好をめぐる人びとの予測や期待の役割を重視しつつ、提示したのである。

貨幣をたんに取引の媒介手段としてのみ狭く理解すれば、販売して入手した貨幣は、保蔵されることなくただちに購買に支出されることになる。そこで、商品の供給はそれ自体でそれに見合う需要をもたらすという、セー法則が成り立ち、部分的な需給の不均衡はありえても、市場経済全体には有効需要の不足は生じえないことになる。それが古典派経済学や新古典派ミクロ価格理論の共通の理解をなしていた。ケインズは、貨幣理論を一般化して、セー法則を否定する基礎とした。

セー法則が否定されるならば、労働市場についても非自発的失業が、有効需要の不足から生じうることになる。それにともない、賃金の効用は労働の限界不効用に等しいという新古典派ミクロ理論の公準も否定されることになる。では、ある国の有効需要の総量はどのように決まるのであろうか。

一国の有効需要の年間の総額は、基本的には（政府部門と海外部門とを捨象すれば）、消費需要（C）と投資需要（I）の合計（D）から成る（D＝C＋I）。それは、その国で産出され供給される財・サービスの年額とそこから配分されて、消費（C）と貯蓄（S）に分けられる国民所得（Y＝C＋S）を規定する。したがって、Y＝Dとなり、そこからI＝Sすなわち投資と貯蓄の均衡関係が導かれる。

その均衡関係について、従前の経済学では、投資が貯蓄からのみおこなわれ、貯蓄が投資を決定すると解釈していたが、ケインズの理解では、むしろ投資が有効需要全体を動かす決定的な要因であって、有効需要が増えれば国民所得も増加し、それに応じて貯蓄（S＝Y－C）も増加して投資と等しい貯蓄が生ずる、と考えられる。

このような国民経済のマクロ的生産あるいは供給と有効需要、ないし投資と貯蓄との均衡水準は、ケインズによれば、さらに資本の期待収益率、心理的消費性向、流動性選好、貨幣賃金率、および中央銀行の発行する貨幣量により操作可能な利子率などによって動かされる。

そのような分析からすれば、将来の見通しが不確実で不安の大きい不況局面では、心理的な消費性向も低く、流動性選好が高まり、資本の期待収益率も低く予想される。投資も消費も低迷しがちになって、有効需要の水準が満足に回復しえないまま、需給の総額の均衡や投資と貯蓄の均衡が成立する可能性も高い。かりに、無政府的な資本の生産と供給がある産業で有効需要の水準をこえれば、売れ残りの商品は在庫（投資）を増加して、収益を低下させる。そのため、生産を縮小させざるをえないであろう。

そのような場合、遊休設備としての資本の過剰や労働市場における不完全雇用の状態のまま、経済均衡が成立して、自動回復が保障されないことにもなりうる。そうした局面では、中央銀行の操作による利子率の低下も、ひもで物を押し上げることができないように、有効需要の不足を解消できない。

かりに新古典派ミクロ理論が想定していたように、失業者がいるかぎり賃金率は競争的に低下することで、雇用を回復させるとみなして、賃金率の低下を容認すれば、それは消費需要をさらに縮小させて、有効需要をいっそう不足させ、雇用回復に逆効果さえ生じうる。現実に存在している名目賃金の下方硬直性も、無視されてはならない。

こうしてみると、新古典派ミクロ理論が想定していた市場での需給の価格メカニズムを介しての均衡が、完全雇用をつねに実現するはずであるという理論構成は、不確実な有効需要の変動をつうじ、たまたま特殊な（好況的）局面に成立しうるモデルにすぎず、一般理論とはいえない。将来の見通しがつねに不確実で、投資の期待収益率にも安定的な保障がない資本主義市場経済は、むしろ内在的に投資動向が不安定で、有効需要が完全雇用を実現しえず、非自発的失業を生じながら、自動的に完全雇用の回復に向かうとはかぎらない特性を有することこそが、雇用の一般理論として認められなければならない。

そうであるとすれば、非自発的失業が増大している局面では、国家が、中央銀行の協力もえて、金本位から離脱した管理通貨体制のもとで、財政・金融政策をつうじて、雇用の回復に貢献する必要がある。

そのさい、ケインズが重視したのは、投資の増加がその何倍かの所得の増加をもたらす「乗数効果」であった。

すなわち、有効需要に規定される国民所得（Y）は、基本的には、消費需要（C）と投資需要（I）の総額に等しくなる（$Y=C+I$）。それはそれぞれの増加分についても成り立つはずである（$\Delta Y=\Delta C+\Delta I$）。そこから$\left(1-\frac{\Delta C}{\Delta Y}\right)\Delta Y=\Delta I$が導かれる。$\Delta C/\Delta Y=\alpha$は、限界消費性向（所得の増分から消費に向ける割合）を示し、$1-\alpha$は、所得の増分から貯蓄する割合を示している。それゆえ、右の関係から$\Delta Y=\frac{1}{(1-\alpha)}\Delta I$となるように、追加投資は、限界貯蓄性向の逆数倍の国民所得の増加をもたらす。これを乗数効果とよぶ。

いまかりに限界消費性向が0・8で限界貯蓄性向が0・2（その逆数は5）であれば、一〇〇億円の追加投資は五〇〇億の追加的所得を乗数効果としてもたらす。限界消費性向が0・2に下がっており、限界貯蓄性向が0・8（その逆数は 1.25）であれば、同じ一〇〇億円の追加投資も一二五億円の所得の増加をもたらすにとどまる。たとえば、現代の日本で乗数効果が小さくなっているのは、こうした論理が作用していると解釈される。

民間の投資が停滞して、不完全雇用の解消が容易に見込めない場合には、政府が国債の発行などで赤字財政を補ってでも、公共事業などの公共投資をおこない、その乗数効果にも期待して、雇用回復をめざさなければならない。中央銀行は、そのような財政政策による国債発行が容易になり、あわせて民間投資の回復にも役立つように、通貨供給を増し、利子率を引き下げる金融政策をとるべきである。

こうした財政・金融政策は、金本位制のもとでは対外正貨の支払い準備の確保の必要に制約されて、弾力的におこなわれにくいが、金本位を離脱した管理通貨体制は、その操作を容易とする。

そのような拡張的な財政・金融政策の運用から、通貨の相対価値が低下してインフレが生ずる可能性もある。適度なインフレは、おそれる必要はない。むしろ民間資本の期待収益率を高め、雇用を産みだす実業の債務負担を軽減し、実業への投資をうながしやすい。逆に国債など金融債権は、インフレにより実質価値が目減りして、打撃をこうむる。しかし、金融資産に所得の多くを依存している富裕な金利生活者が、インフレにより打撃をうけて「安楽死」するのは、それとひきかえに国内の実業への投資と雇用が回復・拡大するのであれば、むしろ歓迎すべき好循環となろう。

こうした認識には、ケンブリッジ学派のなかで、一九世紀末以降のイギリス経済衰退の一因として懸念されていた、金利生活者的富裕者層の資金が対外債券投資に流出し続け、国内の産業が空洞化し、雇用問題の解決を困難としている事態への、ケインズの解答がこめられている。リカードは、三大階級を想定しつつ、土地の収穫逓減にともない、土地所有者階級が富裕化してゆく傾向を憂い、自由貿易の実現により産業資本家の利潤と労働者の賃金におよぼす悪影響の緩和を求めた。ケインズは、当時の土地所有者をもふくむ金利生活者階級と産業資本家と労働者の三大階級を念頭におき、金利生活者の利害を犠牲として、投資と雇用の増加をうながす階級的戦略構想を、事実上、提示していたといえるであろう。

それはまた、ニューディール政策で試みられていた、新たな社会民主主義的雇用政策の理論的基礎を提示するものとも理解された。その後、第二次世界大戦を経て、冷戦構造のもとで、アメリカが資本主義世界の中心となるなかで、一九七〇年代初頭まで、資本主義諸国の経済政策の基調として、ケインズ経済学が参照され続けることともなっていた。

それとともに、年々の各国の国民所得勘定が、生産・分配・支出の三面から統計的に計測されるようになり、とくに国内で産出されている総所得と固定資本減耗《げんもう》をあわせた国内総生産（ＧＤＰ）の物価変動をさし引いた実質的変動が、（実質）経済成長率として、マクロ経済の代表的指標とされ、その動態をめぐる分析が人びとの関心を集めるようになってきている。

そのような経緯のなかで、一九七〇年代初頭までの資本主義世界の高度成長が持続していた時期に、アメリカの経済学界では、マクロ経済学とミクロ経済学とを新古典派総合の二本の柱とし、両者をつぎのように調和的に解釈する傾向が支配的となっていった。すなわち、ケインズ主義的な財政・金融政策の適切な操作を介して、いまや資本主義（先進）諸国は、ほぼ完全雇用を実現できるマクロ経済管理をおこないうる政策技術を手に入れている。そのマクロ経済の水準の枠内で、各経済主体に選択され帰属する財やサービスの合理的配分の秩序は、ミクロ価格理論により分析され理解される。その結果、資本主義諸国は、国家のマクロ経済管理に依拠しつつではあれ、市場経済による効率的で合理的な経済秩序をなしている、と解釈されていたのである。

4　新古典派経済学の危機と限界

一九七三年を境に、資本主義経済は戦後の高度成長のゆきづまりから、しばしば一九三〇年代の大不況を想起させるような、深刻な経済危機と再編への努力の反復をくりかえすにいたる。

基本的には、資本主義市場経済を自然的で合理的秩序とみなす新古典派経済学では、理解も解決も困難な失業問題がくりかえし深刻化し、広範な労働者の経済生活に不安定性がいちじるしく増大して、富と所得の格差が再拡大している。人種差別や女性の抑圧の解決も容易でない。民族独立、宗教原理主義による内乱や戦争の災厄も容易になくならず、地球温暖化などの環境問題や資源制約も深刻化している。新古典派経済学はそれら切実な社会経済的諸問題にきちんととりくみ、それらの根本原因の解明や、その除去に貢献する進路を学問的に探りつつあるといえるだろうか。

ケインズの高弟の一人であったJ・ロビンソン（1903-83）がアメリカ経済学会（一九七

一年）の大会で強く訴えていた、一九三〇年代に続く「経済学の第二の危機」が訪れているという指摘が、その後、世界経済の推移のなかで実感をともない心ある人びとに想起され続けている。にもかかわらず、アメリカの経済学界とその影響が増しているヨーロッパ、日本さらには途上諸国の大学やエコノミストのあいだには、資本主義市場経済を効率的で合理的な経済秩序とみなす、ミクロ経済学とマクロ経済学とを親和的な体系として、教科書的に扱う「主流派経済学」が支配力を増し、異端派経済学を排除しようとする傾向がむしろ強化されてきているのではなかろうか。そこに経済学の信認を低下させる危機の重要な一因がある。ロビンソンの危惧は深刻さの度を増してきているといえよう。

本章のはじめにもふれたように、もともと新古典派経済学は、大きくみれば、①方法論的個人主義にたった主観的・心理的な選択行為に、市場経済における需給の変化やその均衡の分析の基礎をおき、②しかも、その市場経済を自然的自由の秩序とみなす自然主義を枠組みとして、市場における交換ないし取引に、経済学の第一義的な関心をおく特徴を有していた。この二面は、あきらかに相互に関連しあっており、ケンブリッジ大学教授B・ローソン（1980）が指摘しているように、マルクスが客観的な資本主義の生産関係の内的しくみに分析をすすめていた古典派経済学と区別し、「俗流経済学」とよんでいた接近方法とむしろ重なりあっている。

その接近方法は、資本主義的市場経済の内部に反復されている労働過程にもとづく経済余剰の産出、取得の特殊歴史的様式と、そこから派生する諸矛盾の発現に体系的に考察をすすめるマルクス経済学のような、競合的学問の存立可能性を一方的に排除し否認しがちであり、イデオロギーのレベルでは、資本主義社会の経済秩序、したがってまた資本家階級の利害を、倫理的に正当化する役割を果たしている。

たとえば、多数商品についてのミクロ価格理論にもとづく集計的生産関数が、資本と労働の限界生産性に対応する報酬としての利潤と労賃水準を決定するとみなされることから、利潤が資本家に取得されることは自然で合理的な秩序とみなされ、労働組合による賃上げは、利潤や他の労働者の犠牲を招く不適正な配分や、非効率を招く不合理な行為とみなされがちである。

しかし、こうした所得分配論や新古典派成長論、リアル・ビジネスサイクル論などに多用される集計的生産関数における資本は、多様な投入財を同質の価値額として扱い、その限界生産性にもとづいて、利潤ないし利子としての収益率が導かれるという論理に、実は循環論証的な矛盾をはらんでいた。その点を理論的に批判して、「資本論争」をしかけたのが、J・ロビンソンとケンブリッジ大学での先輩格の同僚であったP・スラッファ(1898–1993)であった。

スラッファ（1960）は、ケインズの庇護《ひご》のもとに『リカード全集』を編集しつつ、リカードの穀物利潤論の手法を多数財の投入・産出の物量体系による考察に拡張して、実質賃金がまた物量で決まれば、そこから労賃と諸生産物の相対価格および利子率が整合的に導けることを数理的にあきらかにし、新リカード学派としての客観価値論を現代化して提示した。そしてそれにもとづき、限界学派による資本価値の概念に批判を加えた。たとえば、それまでの集計的生産関数のとり扱いでは、労賃が上がり、利潤率が下がれば、一方的に資本集約的技術が選ばれてゆくと考えられていたが、それに反する「技術の再切り替え」が生じうることを反証として提示した。

そのような争点をふくむ「資本論争」は、新古典派経済学が依拠してきた主観価値論が、とくに資本価値の決定論に重大な弱点を有していることをあきらかにするとともに、利潤ないし利子としての資本のもたらす収益についても、その源泉論ないし決定論に不備を残していることをあらためて明確にしたといえよう。いわば「俗流経済学」としての新古典派理論では、利潤や利子は、市場での需給関係のなかで与えられる所与の前提のように扱うほかないことが、はっきり批判されたともいえるわけである。

にもかかわらず、市場経済を自然視したうえで、主観的選択行為における限界効用逓減の法則などの限界原理を重視して、そこから導かれる需給均衡の価格体系が、合理的な資源や労働の完全利用を実現するとみて、競争的で自由な市場を理想化して理解する傾向は、とくに新古典派ミクロ理論にきわだっていた。

他方、ケインズは、資本主義経済に内在する不安定性や不況局面での非自発的失業を残したままでのマクロ経済的需給均衡の可能性を、その有効需要の理論において強調して、それ以前のミクロ価格理論に反逆し、社会民主主義的雇用政策の理論的基礎を提示した。とはいえ、その「一般理論」は、市場経済を所与の前提として、主観的で心理的な選択の理論にもとづく限界学派の個人主義的で自然主義的特徴を脱していない。そこで、そのマクロ経済学の理論自体には、大土地所有者や富裕な金利生活者階級の「安楽死」を犠牲として産業的投資と雇用回復を図る社会民主主義的階級的戦略構想は、明示的にはふくまれてはいない。

その意味では、ケインズ革命も新古典派体系内部の変革にとどまっていたともいえる。そのかぎりで、ケインズ経済学も、資本主義経済によってはじめて社会生活全体の秩序原理となった市場経済のしくみを、自然的な個人の心理的選択の自由と不可分に結びつけて、市場経済のなかでの個人の主観的選好を、非歴史的に人間に内在的な期待や予想一般の発動であるかのようにとり扱う傾向をまぬがれていないのである。

戦後のアメリカの主流派経済学が、新古典派ミクロ価格理論とケインズのマクロ経済学とを親和的で調和的な理論体系としてとり扱う傾向を示しえたのも、その双方の理論に共通の接近方法の、こうした特性にもとづくところがあった。ロビンソンが指摘し、衝撃を与えた「経済学の第二の危機」は、ほんらいは、そのような新古典派経済学の基本的限界に深く関わる問題提起をふくんでいたと思われる。

しかし、その後に生じた一九七三年以降の資本主義経済のインフレ恐慌、スタグフレーション（物価高騰をともなう不況）としての高失業とインフレの並存、ついで、高度情報技術による資本主義経済の再編過程に支配的政策潮流となった新自由主義のもとでの投機的バブルと、その反復の不安定性の増大をつうじて、新古典派経済学は、おそらくロビンソンが期待していた方向に「第二の危機」を克服する方向をひらいてきたとはとてもいえない。

むしろその理論体系は、多くの場合、断片的・局部的に利用され、概していえば、多国籍化しグローバルな活動性を強化する企業や金融の動態を、効率的で合理的な市場原理によるものとして理解しつつ擁護し、そのもとで進展している働く人びとや社会的弱者にきびしい、自由な競争原理を強調する傾向を随所に強めてきている。ことに、一九七〇年代のスタグフレーションにさいし、不況に対処するはずのケインズ主義が、インフレを激化する逆効果を非難され、本章のはじめにもふれたように、むしろ基本的にはケインズ以前の新古典派ミクロ理論に依拠する「新しい古典派」経済学、「供給の経済学」、「マネタリズム」、「合理的期待形成派」などの一連の新自由主義を支える理論にとって代わられる。それは、もともと新古典派ミクロ価格理論に反逆し批判を加えて登場したケインズ革命からみれば、あきらかに反革命であり、市場原理主義への反動を意味していた。

そのような流れのなかで、ミクロの経済主体が、ある種のルールにしたがい、他の主体の選択行動も考慮しつつ、みずからの利得を最大化しようとするゲーム的状況を想定し、数理的に分析する「ゲームの理論」があらためて関心を集める傾向も生じている。その発端は、J・フォン・ノイマンの「社会的ゲームの理論について」(1928)にあった。それは、寡占や産業組織、企業の経営戦略論などに適用され、進化経済学などにも影響を与えつつある。とはいえ、そこでもくりかえしゲームでの完全均衡点として協調的な行動が実現されることが重視されるなど、局所的で現状肯定的な市場経済の理解に傾きやすい。その意味で、ゲームの理論も主流派経済学の枠組みとその限界を批判的にのりこえるものとなっていない。

ふりかえってみると、もともと新古典派ミクロ価格理論と、ケインズによるマクロ経済学とを親和的に理解するアメリカの主流派経済学の発想からすれば、両者は組み合わせて利用することも可能とされ、さらには条件が変われば、選択的にその一方に依拠して経済政策の基礎を考えることもできることになる。

しかし本章でみてきたように、広くみれば、新古典派ミクロ価格理論にも、社会主義の可能性を容認し擁護する一面を有していた一般均衡学派や、生産手段の私有制にもとづく資本主義を前提しつつ、労働組合運動を許容して、社会民主主義による福祉国家を志向する一面を有するケンブリッジ学派の伝統をふくんでいた。それにもかかわらず、いまや社会主義や社会民主主義に反対していたハイエク的なオーストリア学派の伝統のみが、狭く選びとられて新自由主義の理論的基礎とされる傾向が目につく。

そうした新自由主義は、たしかに新たな経済再活性化の基盤として、普及し高度化した情報技術による職場の作業様式と消費生活とにわたる顕著な個人主義的再編に呼応していた。しかし、それはまた、経験や熟練を不要とする安価な非正規雇用を激増させ、安価な労働力の確保を国内的にも容易としつつ、さらに安価な労働力や潜在的な市場拡大を求めての企業のグローバルな展開を促進する政策となっている。あわせて、それらにともなう金融の肥大化を許容し、資本主義市場経済の不安定性を大きく再現しつつ、その責任を国家による社会的規制や労働者保護の負担から解放して、個人主義的市場原理主義にゆだねる思想と理論を強調する意義を有していた。

そのような新自由主義は、一九九一年のソ連崩壊により、いっそう支配力を増した。アメリカの歴史哲学者F・フクヤマ（1992）が世界史の歩みをヘーゲル風に総括して、マルクスによる社会主義は失敗し、いまやリベラルな民主主義と適合的な自由主義経済が「繁栄へのいちばん望ましい道筋を与えてくれる」ことが判明した、と述べていたのは、その典型的な観点を示すところであった。

しかし、社会的規制から解放された、新自由主義的資本主義の経済システムは、現実には「繁栄への望ましい道筋」をたどってきたとはとてもいえない。とりわけ、新自由主義のもとで肥大化した金融システムとそれを利用した民間企業や富裕者の投機的利益追求が、巨大バブル（不動産や株式の投機的取引の膨張）とその崩壊を反復させている。たとえば、日本の一九八〇年代末や、それに続く周辺アジア諸国の一九九七年危機にかけてのバブルとその崩壊、さらにアメリカに生じた一九九六年から二〇〇一年のITバブルとその反落、二〇〇二年から二〇〇六年の住宅バブルとその崩壊にともなうサブプライム恐慌が、メリーゴーラウンドのように連続している。それにともない多くの人びとの経済生活はいちじるしく不安定化し将来不安を増してきている。

こうしたバブルとその崩壊との反復をめぐっては、ポスト・ケインズ派のH・ミンスキー（1982）による、投機的金融の好況期における増大とその行き過ぎからの恐慌と不況への反転の理論モデル（ミンスキー・サイクル）も再評価され、関心をよんでいる。しかし、そのモデルは金融システム内部の心理的な選択の動態に局所的に重点をおき、しかも、そのモデルを一般理論として提示しているために、なぜそのような投機的バブルの反復が一九八〇年代以降に顕著となったのか、また、そこから導かれる金融諸機関のシステム改革は現代資本主義の不安定性全体の解決策となりうるのか、大いに疑問も残る。

経済危機のたびにくりかえされる広範な人びとに生ずる失業や、所得の減少の不合理な損失と、大企業、金融諸機関、富裕者に有利な救済策の反復の作用もふくめ、資産と所得にわたる貧富の格差も再拡大し続けている。

一九八〇年代以降、先進諸国をつうじ、新自由主義のもとで顕著になっている経済格差の再拡大と富の集中化傾向は、資本主義の長期的傾向を統計的に分析しつつ、T・ピケティ（2014）が、二〇世紀に生じた富と所得格差のU字型カーブでの再拡大として指摘し、欧米でも広く関心を集めているところである。

実際、新自由主義のもとでの労働市場の規制の緩和や撤廃をつうじ、労働組合の弱体化がうながされ、非正規で安価な雇用が激増し、ワーキング・プアなどの新たな貧困問題も広がっている。新自由主義的グローバリゼーションの進展は、先進諸国の企業の生産、営業拠点を中国その他アジア諸国などに移転させ、それによって産業空洞化を先進諸国に広げ、経済成長や雇用の回復に困難をもたらし、国家財政にも深刻な危機を深めている。地球温暖化などの環境問題や原油などの資源の枯渇への憂慮にも、新自由主義は有効な対処の戦略をたてる可能性に乏しい。

こうした一連の新自由主義とそれを支える新古典派経済学への広範な懸念や不満から、二つの可能性がひらかれつつある。

そのひとつは、二〇〇九年に政権交代によりアメリカと日本に民主党政府が成立したさいに民衆が広く期待をよせた、一連のニュー・ニューディールとしてのグリーン・リカバリー戦略、エコ・ポイント制、子ども手当など、現代化された二一世紀型社会民主主義の可能性である。この可能性は、翌二〇一〇年にかけて、アメリカと日本にはかなりの幅での景気回復が実現されたことからも、グローバリゼーションの時代にはもはや社会民主主義的政策は有効性をもちえないという論調への反証をえているといえよう。

それらの新たな社会民主主義的諸政策は、さしあたり経済危機がやや鎮静すると、国家財政危機の深化を強調する政財界の圧力から、見直しをせまられて、民衆の期待は残念ながら裏切られていった。日本では二〇一一年三月の東日本大震災と東京電力福島第一原子力発電所の大事故の災厄も重なり、それへの対応にも民主党政府は動揺し、二〇一二年一二月の総選挙で安倍自民党政権への反転をまねいている。

しかし新自由主義にたいし、資本主義経済を前提しても、雇用政策をはじめ国家やその連合体が社会民主主義的に管理や介入を加えるマクロ経済政策が再評価されて、位置づけられてよいとする発想も世界的に再生しつつある。サブプライム恐慌の後産的なユーロ危機のなかで、ユーロ圏諸国の各国にも、EUから相対的に自立した民衆的で社会的な経済政策の再生を求める動向が生じつつある。

そこから、アベノミクスのように、非正規でのきびしい雇用形態のさらなる規制緩和を、成長戦略の重要な基礎方針とする新自由主義をつらぬきながら、ケインズ主義的な機動的財政政策と大胆な金融政策により、経済再生を明示的に図ろうとする異様な組み合わせをこえて、ほんらいケインズが志向していたような社会民主主義的産業と雇用の回復への経済民主主義的方向が、現代的な資源・環境問題や少子高齢化社会対策をふくめ、引き出されてゆくよう期待したいところである。

そのさい、二〇世紀型社会民主主義がもっぱら労働組合の普遍的利害を強調しつつ、国家の雇用政策や福祉政策に期待していたのにたいし、二一世紀型社会民主主義は、より広く環境問題や少子高齢化社会への対応をふくめて、地域社会の地産地消的相互扶助的再活性化を重視して、生産者協同組合、農業・漁業協同組合、地域通貨、それらを支援する地方自治体や社会的企業の役割などを戦略構想として大切にする地域住民の下からの自発性を協力組織として、その基盤とすることが望ましいであろう。二〇一三年、一四年とソウル市の朴元淳《パクウオンスン》市長が、国際会議を開催し採択した「グローバル社会的経済フォーラム（GSEF）憲章」にも、その方向での世界的協力と連帯を求めて、地域社会からの経済再生を図る方針が提示されている。

一九八〇年代に西欧で関心が高まり、二一世紀に日本でも注目を集めたベーシック・インカム（資産や所得に関係なく住民全員に生涯保障される所得再配分。子ども手当はその端緒としても期待されていた）構想も、新たな貧困問題や災害復旧への有力な対策となるとともに、こうした地域社会の再活性化への自助努力を支える観点でも、二一世紀型社会民主主義の一環としうる可能性を示している。ピケティの主張している資産（資本）課税も、こうした方策に役立てられることが望ましい。

もうひとつの可能性は、資本主義経済の特殊な歴史性を、その内在的矛盾とあわせて体系的に解明するマルクス経済学と、それにもとづく資本主義へのオルタナティブとしての社会主義への関心の復活である。実際、アメリカの主流派経済学と、それにもとづく新自由主義のもたらしている危機的な閉塞感は、古典派経済学のゆきづまりを新古典派経済学とは異なる方向にのりこえた、マルクスの『資本論』における資本主義経済の理論的考察に、おのずから社会的関心を動かすこととなっている。

たとえば、ドイツの多くの大学では、学生たちの『資本論』読書会の輪が広がり、欧米の大新聞にも「マルクスの逆襲」といった論説がしばしばみられるようになった。日本の書店でも『資本論』やマルクス関係の入門書やマンガまであいついで新たに並べられ人気をよんでいる。

そのさい、二〇世紀型社会主義がソ連型の国家主義的な集権的計画経済に代表されていたのにたいし、ソ連型社会崩壊後の二一世紀型社会主義は、ランゲらにはじまる市場社会主義の多様なモデルの可能性をも重視しつつ、地域社会のグラス・ルーツの協力を大切な基盤とする分権的経済社会のしくみをめざすものとなる公算が高い。その意味で、二一世紀型社会民主主義の成長が、やがてそれをこえる社会主義の基盤を準備するものとしても位置づけられてよい。二〇世紀には、しばしば相互対立関係において排撃しあうことも多かった、社会主義と社会民主主義とは、その二一世紀モデルにおいては、相互補完的な関連におかれうるのではなかろうか。

そのような観点からみると、新古典派経済学の歩みにも、新自由主義の市場原理主義を支える思想と理論にとどまらず、それをのりこえる広い社会民主主義や社会主義の論拠に活かせる学問的貢献も展開されてきていることにも、重ねて注意をうながしておきたい。

次章では、現代世界に折り重なっている危機や閉塞感を念頭に、マルクス経済学の魅力をいまどう読みとるか、その特徴的内容を、新古典派との対比をふくめ、広い経済学の歩みのなかであらためてみてゆくこととしよう。

第VI章

社会科学としてのマルクス経済学

1　マルクス経済学の思想と理論

古典派経済学のゆきづまりをうけて、歴史学派は、国民経済の発展の段階的相違や、その類型に与える制度や政策、文化などの役割に関心を向けた。そして、新古典派経済学は、市場経済についての理論的考察を、古典派とは異なる主観的な限界的選択行為による価格理論にもとづいて展開した。これらにたいし、マルクス経済学は、古典派経済学の基礎をなしていた労働価値説を継承しつつ、そこに残されていた理論上の諸問題を体系的に解決し、資本主義経済の特殊な歴史性を解明する、社会科学としての経済学を発展させてきた。

この学派の理論的基礎は、カール・マルクス（1818-83）の主著『資本論』（全三巻、1867, 85, 94）によって与えられた。その誕生は、ドイツ歴史学派の形成と展開、新古典派ミクロ理論による限界革命とほぼ同時代であり、その後、現代にいたるまで、これらの学派の競合、対抗、交流は、経済学の学問的な歩みに重要な刺激をもたらし続けている。

一九九九年秋にイギリスのＢＢＣテレビは、これまでのミレニアム（千年紀）最大の思想家を選ぶ、オンライン世論調査を実施した。その結果、アインシュタイン、カント、デカルトら多くの思想家をしりぞけて首位に選ばれたのはマルクスであった。マルクス主義を建国の基礎としていたソ連が一九九一年に崩壊した後、日本ではマルクスの思想や理論は、論壇やメディアでは過去のものとみなされやすく、その風潮は学界にも影響している。だが、その傾向は、欧米や中南米などの途上諸国に広がるマルクス経済学のルネッサンスを反映する、世界の潮流とは乖離が大きい。

実際、資本主義経済がもたらしている深刻な不安定性と格差の拡大、人間と自然への破壊的な荒廃作用の限界を、その根源から再考し、これからの社会経済のオルタナティブを検討してみたいという観点にたつと、マルクスの思想と理論にたちもどらざるをえないであろう。それが世界の良識でもある。内容上、アリストテレスからヘーゲルにいたるヨーロッパ哲学の精髄をひきつぎ、近代資本主義経済の原理的考察を批判的に深めたマルクスの知的営為は、その深さと雄大な規模において、まさに過去一〇〇〇年における最大の思想家の名に恥じない。その思索は、ソ連崩壊により、むしろ教条的な狭い硬直した解釈から解放されて、いまやその豊かな可能性をふたたび自由に活かせる時代になっている。

そうであるだけに、マルクスの深く雄大な思想と客観的な社会科学としての経済学の理論との相互関係には、慎重に理解をすすめなければならない。そのいくつかの側面をまずマルクス経済学の生誕の経緯にそくしてみておこう。

マルクスは、ベルリン大学法学部で学びながら、歴史と哲学、とくにヘーゲル哲学に傾倒していた。ヘーゲルは一八三一年にすでに逝去していたが、ドイツ古典哲学の頂点において、精神現象、自然現象、社会関係のすべてを絶対精神（理念）の自己実現の過程における、矛盾の発展としての弁証法の論理にしたがって把握する、壮大な体系を構成していた。

その後継者のうち、右派は、これをプロイセン国家の現存秩序の正当化に用いていた。しかし、左派は、中世以来のキリスト教による抑圧からの人間解放を求め、宗教批判に向かっていた。そのなかからL・フォイエルバッハ（1804-72）の『キリスト教の本質』（1841）があらわれる。そこでは、友情や愛情といった人間に普遍的で崇高な心情が理想化され外化された結晶が、キリスト教の神であり、神を人間の創造主とみなす物神崇拝の束縛から人びとは解放されなければならないと主張していた。ヘーゲルの観念哲学を人間主義的唯物論に転倒しつつあったといえよう。

マルクスは、こうしたフォイエルバッハらヘーゲル左派に惹かれ、その見地でギリシャ自然哲学に検討を加えた論文で博士の学位を取得した。だが、反動化した大学ではポストをえにくかったので、『ライン新聞』で論説を書く仕事についた。そのなかで、現実社会に生じている人間の抑圧は、自然的存在としての人間主義一般や、それによる宗教批判のみでは十分な理解も解決もできないと実感し、新聞社を辞任し、一八四三年にパリに転居する。そこでF・エンゲルス（1820-95）と親交を深めつつ、イギリスの古典派経済学、フランスの社会主義を本格的に研究しはじめ、それによってドイツ古典哲学にも再考をすすめた。マルクスの思想と理論の三つの源泉といわれるところである。

その最初の成果が唯物史観であった。それは人類史を総括する歴史観であり、その後のみずからの研究に「導きの糸」として役立った総括的結論として、マルクスにより『経済学批判』（1859）の「序言」で、ほぼつぎのような三点にわたり簡潔に要約されている。

（1）人間は、かれらの物質的生産諸力の発達段階に対応する生産諸関係をとり結ぶ。この生産諸関係は社会の土台としての経済的機構をなし、それに対応する法律、政治、社会意識などの上部構造が形成されている。

（2）社会の生産諸力は、発展がある段階に達すると、既存の生産諸関係と矛盾するようになる。生産諸関係が生産諸力の発展形態からその桎梏《しっこく》（足かせ）へ一変する。このとき社会革命の時期がはじまる。経済的基礎の変化につれ、巨大な上部構造全体が、徐々にせよ急激にせよ、くつがえる。

（3）大ざっぱにいって、経済的社会構成が進歩してゆく段階として、アジア的、古代的、封建的、および近代ブルジョア的な生産様式をあげることができる。ブルジョア的な生産様式は、社会的生産過程の敵対的な（階級社会の）形態の最後のものであり、その胎内での生産諸力の発展は、敵対関係にたいする解決の物質的諸条件もつくりだす。だから、この社会構成をもって人間社会の前史は終わりを告げる。

このうち第一の箇所では、社会のいわゆる上部構造が経済的下部構造に対応して形成されるとみなされている。第二の箇所では、経済的下部構造の内部で、既存の生産諸関係が、生産諸力の成長に適した形態からその妨げになると、社会革命の時期がはじまり、社会の上部構造全体が早晩動揺し、くつがえされると説かれている。第三の規定では、近代資本主義社会にいたる、人類史上の階級社会の生産様式における代表的な四つの段階が示されるとともに、その最後の社会構成をもって階級社会の歴史としての人類の前史は終わる、という展望が示されている。

階級社会の歴史としての人類前史が資本主義で終われば、被支配階級として歴史形成にこれまで主体的に参加しえなかった大多数の直接的生産者が、社会の主人公となり、疎外された社会諸関係から解放されて、自由な個人のアソシエーションをつうじ、はじめて本格的に創造的な主体として、人類全体のつくりだす本史を形成することになるという期待が、その展望にはこめられている。

こうした唯物史観からみれば、人間主義的な唯物論によりキリスト教の物神観からの精神的解放をもたらすだけでは、あきらかに十分ではない。近代資本主義社会が市民革命にさいして掲げた自由、平等、人権、友愛などが、市場経済における取引の自由、平等、私有権の形式的容認を実現しつつ、そのもとで、労働者階級にきびしい、経済生活上の不自由、不平等、抑圧、疎外を解消しえず、むしろ階級社会の一形態として存続しているのはなぜか。そのしくみを経済学によってさらに正確にあきらかにしなければならない。

それによってまた、フランス革命の理念を社会の実質的内容に徹底する精神で、サン・シモン（1760–1825）やフーリエ（1772–1837）らの社会主義者が、無階級社会の理想を設計図的に提示していた主張にも、その意義や論拠を明確にすることができる。

マルクスとエンゲルスは、ほぼこうした発想にそって思索を深め、唯物史観の形成過程で、すでに資本主義市場経済についての古典派経済学の成果を吸収し、とくに経済的下部構造の上部構造にたいする相対的に自律的な発展についての認識を深めていった。

それをつうじてえられた独自の歴史観にたって、マルクスはエンゲルスと共著『共産党宣言』（1848）を執筆する。そこでは、階級社会の歴史の最後にあらわれる近代資本主義社会の発展の歴史的特性を要約的に示し、その社会ではプロレタリアート（無産の賃労働者）の結束と自己解放闘争が成長してゆき、階級社会をのりこえる変革を実現するにいたることを力強く宣言した。小著ながら、「今日までのあらゆる社会の歴史は、階級闘争の歴史である」という第一章冒頭から「万国のプロレタリア団結せよ！」という結びの一句まで、簡潔な名文でつづられ、世界中の多くの人びとに感動を与え続けている不朽の名著である。

それまでの社会主義は、概して未来の理想社会の構想をユートピア的に描いて、その実現を社会の上層部に期待していた。そのような空想的社会主義にたいし、マルクスは、唯物史観と経済学により、労働者階級の自己解放に期待するとともに、その社会変革運動の基盤、目標、および可能性を学問的にあきらかにする科学的社会主義を提示しようとしていた。その志向性は『共産党宣言』にすでに鮮明に示されている。

とはいえ、そこでの唯物史観による資本主義の批判は、古典派経済学の理論における問題点を体系的に克服して、変革対象としての資本主義経済のしくみを学問的に正確にあきらかにしたうえで、提示されていたとはいえない。その意味で、なお唯物史観もそれによる資本主義の批判も、十分な学問的基礎を与えられていたとはいいきれない。

そこで、マルクスはその後半生をかけて、「経済学批判」を副題とするライフワーク

『資本論』の準備と執筆に全力を注いだ。とくに、一八四八年の二月革命（フランス）や三月革命（ウィーンやベルリン）などにおよぼした『共産党宣言』のインパクトから、革命的情勢が鎮静し、政治情勢が反動化すると、ロンドンに亡命をせまられ、そこに定住し、エンゲルスの支援をえつつ、世界一の蔵書を誇る大英博物館図書室を研究拠点として使いこなして、それまでの経済学の成果と限界に徹底的な検討を加え、資本主義市場経済のしくみと運動についての原理的考察を体系的に深め、構築していった。

その過程で、『経済学批判要綱』（1857–58）としての第一草稿、『剰余価値学説史』をふくむ第二草稿（1861–63）、『資本論』第三巻の主要草稿となった部分をふくむ第三草稿（1863–65）と、大部な準備草稿を三度もくりかえし、執筆する努力を経て、ようやくその第一巻を一八六七年に出版している。第二巻は、その後に準備された草稿を主として、エンゲルスがマルクス没後に編集し、一八八五年に出版された。第三巻は主に第三草稿をもとにエンゲルスが編集して一八九四年に出版されている。天才マルクスが文字どおり生涯をかけたライフワークといえる。

マルクス経済学は、しばしば社会主義の思想や歴史観に依拠した、客観性にとぼしい偏った学問とみなされがちである。かつてのソ連型マルクス主義経済学は、むしろ労働者階級の観点から社会主義を標榜し、その思想にそって経済学の研究をすすめることを、みずからの特徴として強調していた。しかし、それはマルクスがめざしていた、だれにでも納得できる客観的な社会科学としての経済学とはいえない。

実際、『資本論』の理論体系は、唯物史観や社会主義思想によってただちに保証されるものではなかった。そのため、唯物史観を「導きの糸」としながら、マルクスはその後半生をかけて、先行の経済学の全成果を学び取り、そこに残されていた多くの問題点について誠実な検討を重ね、あくまで歴史的な事実と論理にしたがって、資本主義市場経済のしくみと運動の原理に、客観的で学問的な認識を体系的に提示しようと努めたのである。その成果としての『資本論』の経済学は、社会主義思想への反感によってただちに否定したり、無視できるものではない。

その学問的認識は、その後継者が、内外からの批判をうけては再検討を積み重ね、それによって補整や拡充を経ながら、豊かな学問的生命力を示し続けている。

そのさい、古典派経済学や新古典派経済学にくらべ、人類史的視野にたって資本主義市場経済の歴史的特性を理論的に解明した『資本論』にもとづくマルクス経済学においては、その思想と社会科学としての経済学との関連性について、つぎのような一連の特色を認めることができる。

すなわち、第一に、資本主義市場経済の基本を自然的な自由の秩序とみなす思想の制約をこえて、近代以降の資本主義経済が、どのような歴史的な特性と限界（ないし矛盾）を内包するしくみであるかを、客観的な社会科学としてあきらかにしうる。

それにともない第二に、資本主義の世界史的生成、成長、変容の過程に生じてきた資本主義経済の変化と、それに対応する支配的な社会思想や政策基調の推移についても、さらにその推移のなかでの各国経済の現実的動態も、資本主義の原理を考察基準として、体系的に歴史的意義を位置づけ、研究をすすめることができる。それぞれの世界史的段階や各国経済にあらわれる経済思想や政策を理想化したり、過度に一般化したりする誤りも、それによって避けることができる。

それと同時に、第三に、いわば資本主義経済の自己認識の過程をなすともいえる経済学の歩みについても、そこにあらわれた主要な学派の思想と理論の関係やその意義を、広い観点で理解する学問的研究が可能とされる。それはある学派の視点を絶対視して、他の学派も同じ考察課題を追究しているはずであると信じ込んで、それぞれの学派の果たしてきた歴史的役割や貢献を一方的に裁断する狭量さを学問的にこえる可能性をひらくところであろう。

第四に、資本主義の歴史的特性を解明する特色により、マルクス経済学は、他の学派にくらべ、資本主義をこえる社会主義を求める思想や運動に、学問的基礎を与えることに優れて役立ちうる。その特色から反転して、マルクス経済学の理論を社会主義思想による学問とみなしてはならない。社会主義思想と唯物史観は、資本主義経済のしくみには、どのような特殊歴史的な特性があるかを解明する課題設定への「導きの糸」をなしてはいた。だが、その理論や分析の内容は、あくまで客観的にだれにでも納得のゆく社会科学として、社会思想とは区別される認識をめざすものである。それによって、社会主義思想や唯物史観も、他の社会思想とは異なる、客観的で学問的な基礎が与えられることとなりうる関係にある。

こうしたマルクス経済学における思想と理論の役割の区分と整理は、戦前からの論争と研究の蓄積をふまえ、日本のマルクス経済学の発展のなかで、戦後に、ソ連型マルクス経済学に批判的に対抗した、宇野弘蔵による独創的方法論の一面において明確にされてきた。以下、各節でのマルクス経済学の理論と分析についての理解も、宇野の貢献に依拠するところが大きい。

2　資本主義経済の原理

マルクスの『資本論』は、新古典派経済学と異なり、古典派経済学の基礎としていた労働価値説を内容的に継承しつつ、その理論的限界を学問的にのりこえて、新たな社会科学としての経済学の原理を確立した。その理論的革新は、古典派や新古典派経済学の自然主義的観点による制約を突破して、資本主義市場経済の歴史性を原理的に考察する課題に体系的に由来していた。ここではまず『資本論』における資本主義経済の原理的考察が、古典派経済学の理論的ゆきづまりをどのように打開していったのか、四つの問題群を例としてわかりやすくみてゆこう。

(1)『資本論』の労働価値説　古典派経済学は、労働価値説にもとづいて、年々の労働の成果が、労賃、利潤、地代の所得源泉をなし、近代社会の三大階級の経済的基礎を形成することに、理論的な考察をすすめていた。しかし、近代資本主義社会の経済秩序の根本をなす商品経済については、A・スミスのいう交換性向にもとづく人間の自然的行為とみなし、J・ロック的な労働所有権論を通念として共有し、商品経済もそれにもとづく資本主義も、自然的な自由の秩序とみなしている。その枠内では、賃金労働者に「労働の価値」を支払いながら、資本が利潤や地代にあてる剰余価値を取得しうるのはなぜか、剰余価値生産の原理が学問的に解明されていたとはいえない。

これにたいし、『資本論』の労働価値説は、第一巻冒頭の商品論以降、商品経済とそれにもとづく資本主義の歴史的特性に、周到に理論的考察を積み重ね、古典派経済学の理論的限界を解きほぐしてゆく。

すなわちまず、商品には使用価値と交換価値（ないし価値）との二要因があることは、古典派経済学もすでにあきらかにしていたが、その二要因をともに、人間と生産物の自然的関係として考察していた。マルクスも、商品の使用価値は、人間のなんらかの欲望を充足させる有用な属性として、どのような社会形態においても「富の素材的内容」をなすところであると認めていた。

しかし、マルクスによると、商品が他の商品にたいし交換を求めるさいにあらわれる交換価値ないし商品としての価値の要因は、人間と生産物との自然的関係をあらわすものではない。あらゆる社会の経済生活に原則的に存在していることがらでもない。たとえば封建社会のコメは、農家の自給部分にせよ年貢米にせよ、使用価値として富の素材的内容をなしてはいたが、商品としての価値を有するものとして扱われていたわけではない。

古典派経済学は、そのような使用価値と価値の性質の相違をあきらかにせず、商品の生産に要する労働量との関連をめぐり、商品の交換価値を規定する量的関係にもっぱら理論的関心を集めていた。しかし、それでは不十分であり、マルクスは使用価値にたいする価値概念を、価値の形態と実体に二重化し、財や生産物が商品として関係をとり結ぶさいの特殊な社会関係の特質を、交換価値（ないし価値）の形態として重視した。そして、その背後に労働量の社会的関係が価値の実体をなしている構造を、重層的に解明する理論を体系的に展開している。

その展開のなかで、たとえば、商品としてのリネン二〇ヤールが、異質な使用価値をもつ上着一着に交換を求める、簡単な価値形態において、等価商品に選ばれて交換を求められる位地にある上着のがわに、リネンにたいする直接的交換可能性が与えられる、いわば、合意形成の弁証法が成立することも発見している。そしてそこにやがて広く商品世界のなかから一般的等価商品に選ばれる貨幣形態の萌芽《ほうが》が認められることを指摘している。それは形式的に平等な立場で交換を求めあう商品相互の関係性から、直接的交換可能性を独占する貨幣が成立し、貨幣との交換を求める価格形態が価値の形態として形成される謎を解明する意味をもっていた。

そこからまた、貨幣は古典派経済学や新古典派ミクロ理論で想定されているような、たんなる交換の便宜的手段にとどまらず、商品世界の代表的な富として蓄蔵されたり、支払い手段や世界貨幣としても用いられる豊かな諸機能をあわせもつことも理解可能となる。

それとともに、商品世界の富の代表としての貨幣を使って貨幣を増殖する資本の運動形式も、安く買って高く売る商人資本形式や、貨幣の貸し付けにより利子をえる利子付き資本形式で、古くから発生していたことも理解しやすくなる。

市場経済を形成する、こうした商品、貨幣、資本の形態的な特性とそれらの関連は、資本主義経済の基礎をなしている。『資本論』は、資本主義的生産が支配的な社会を考察の対象とし、その基礎として市場経済の形態的なしくみを、商品の価値形態の展開として解明している。

しかし、それらの商品経済に特有な流通諸形態は、資本主義社会の内部のみにみいだされるものではない。むしろ商品交換は、古くから共同体と他の共同体とのあいだに発生し、発達する経済関係をなしていたことをマルクスは重視していた。それによって、本来、いわば諸社会の対外交易関係をなしていた商品経済の原理を社会内部の編成原理に転化することで成立する資本主義の歴史的特性があきらかにされる。それとともに、その特性は、資本主義経済が、共同体的社会関係を商品経済により解体してゆく作用をともないつつ、その社会の内外に残る農民などの非資本主義的経営との関連も、みずからの社会内部の組織原理と同じ商品経済の秩序により、みずからの社会内部の生産物の取引関係と同質的に扱えることにもつうじている。

こうして、マルクスの価値の形態規定の展開は、古典派や新古典派の自然主義的視野の狭さをこえて、人類史的に共同体諸社会とその対外的交易との関連や、そこにすでに生じていた商品経済の諸形態を社会的編成の内的原理に反転した資本主義社会の特殊性を、市場経済と資本主義の関係性において理論的に理解させる体系をもなしているのである。

資本主義社会は、こうした広範な歴史性を有する商品経済の諸形態が、人間の主体的能力としての労働力を、社会的規模で商品化する歴史的前提条件が与えられたときに、それまでの共同体的諸社会とはまったく異なる社会として成立する。その社会では、直接的生産者の多くが、それ以前の諸社会のように、耕地などの生産手段の共同体的所有権や使用権から排除され、生産手段をもたない無産の労働者階級に転化されて、労働力を資本に購入され、その指揮・監督のもとに働かざるをえない立場におかれている。

(2) 剰余価値論　資本が、労働力を商品として購入し、社会的規模で生産過程を組織するようになると、諸商品の価値の形態としての価格関係と、その背後の労働量としての価値の実体に、どのような社会的関係が形成されるのか。また、そこに資本が利潤として獲得する剰余価値の社会的基礎がどのように成立することとなるか。

こうした問題に理論的考察をすすめるさいに、『資本論』は、労働過程をまず、人間が自分と外的自然との物質代謝を媒介し、規制する過程であると規定している。そのさい、人間は内部の自然力としての頭脳や手足を動かし、他の動物と異なり、多様な表象をあらかじめ目的として思い描き、意志の力により合目的的《ごうもくてきてき》（目的にかなった行動）にそれを実現するものであることも強調している。こうした構想と実行の二面にわたる人間的労働は、多様な有用形態で発揮され、合目的的に生産性を高める可能性をふくみつつ、同質的な人間労働として量的比較や合計もできる性質をも有している。

あらゆる歴史社会に共通な経済生活の原則的な基礎をなす、こうした労働・生産活動の意義を明確にしえたのも、古典派経済学の自然主義をこえて、商品経済と資本主義を形成する経済的諸形態の特殊な歴史性と、それらの相互関係を明確にしたことと表裏をなす、『資本論』における優れた学問的認識であった。

資本主義社会は、こうした経済生活の原則をなす労働・生産過程を、社会的規模で商品による商品の生産過程として編成する、徹底した商品経済社会としてあらわれる。それにともない、商品の価値の形態としての価格関係が、社会的規模で労働の量的関係をつつみこみ、労働の社会的量関係を社会的実体とし、それに規制される必然性が明確になる。

たとえば、多くの生産物を自給自足的に用いていた農家経営で、その一部の生産物だけが商品化されているような場合には、その価格は、その生産に要した労働量を補塡できない水準に買いたたかれることもしばしば生じえた。それでも次年度の再生産にさほど支障がなかったからである。全面的な商品による商品の生産を反復している資本主義的生産のもとでは、そうはならない。

いま資本主義経済において、労働者が労働力を（子どもをふくめ）維持再生産するのに、社会的に必要な生活諸手段の生産に要する労働時間を、一日平均六時間で生産する産業技術の体系のもとで、それをこえる剰余労働をしていないと想定してみよう。その場合、各産業の技術的体系が変わらなければ、資本の産出する商品生産物の各一単位の再生産に必要な労働時間も確定され、各商品の価値の実体をなす。と同時に、価値の形態としての労働力の価格も、各商品生産物の価格も、その背後の価値の実体としての再生産に要する労働時間に比例する相互関係を形成し、維持することとならざるをえない。その必然性を、たとえばつぎのような事例で考えてみよう。

すなわち、所与の産業技術の体系のもとで、五〇キログラムの綿花を綿糸に加工する紡績過程で、機械の摩耗分にあたる紡錘四分の一に四時間の労働が、原料綿花に二〇時間がふくまれており、これに紡績工が六時間の労働を加えて、合計三〇時間をふくむ五〇キログラムの綿糸が生産されているとしよう。

いま（労働力の再生産に要する）必要労働六時間の生活諸手段が一万五〇〇〇円であれば、労働力の価値の形態としての賃金は、その価格水準で労働力と必要生活手段との交換を媒介するものとなる。と同時に、三〇時間の労働量をふくむ綿糸は七万五〇〇〇円で販売され、そこから二〇時間をふくむ原料綿花五万円と四時間分の労働をふくんでいた損耗した紡錘四分の一への一万円への支払いが、労賃一万五〇〇〇円とあわせて補塡され、再生産に必要な生産手段と労働力が確保されてゆかなければならないであろう。この事例で、需給関係の変動から、同じ綿花五〇キログラムが七万円でしか売れなければ、紡績業は次年度に縮小され、綿糸の供給が社会的必要をみたせなくなり、価格は再上昇するであろう。

同様のことは他の産業にもあてはまるので、剰余労働がおこなわれない経済のもとでは、均衡価格は各商品生産物に対象化されている労働時間に正比例することとなり、価値の形態としての価格の基準は、等労働量交換を法則的に実現する水準となる。

しかし、そのかぎりでは、資本は生産手段（原料と機械摩耗分）に六万円、労賃に一万五〇〇〇円を経費として投入し、七万五〇〇〇円の製品を産出しているにとどまり、利潤としての剰余価値を産出していないことになる。そうなるのは、労働力商品の価値がその再生産に必要な六労働時間を実体とし、その価値の形態としての一万五〇〇〇円を介し、社会的に必要な生活手段と等労働量の交換を実現しながら、労働力商品の使用価値として引き渡す労働時間が、必要労働と同じ時間にかぎられているためである。だが、労働力の維持再生産に必要な生活手段をそこに対象化されている六労働時間とともに消費して、一日の生活を支え、労働力の再生産をするさいに、その生活時間のうち必要労働にあたる六時間しか働けないかどうかには疑問が残る。一日平均の生活手段としては同じ内容の消費生活をしていても、一日の活動時間のうち、人間はもともと労働時間とその他の余暇との区分比率に弾力的な自由度を有し、必要労働の六時間をこえて剰余労働をおこなう能力をそなえているからである。

そこで、かりに一日の労働時間が一二時間であれば、労働力商品の価値は必要労働六時間を実体として、一万五〇〇〇円の賃金を介し、同量の労働時間の産物である生活手段と交換される関係をそのまま維持しつつ、一二時間の労働をおこなえる能力が、労働力商品の使用価値として、資本に買い取られ、剰余労働六時間をふくむ一二時間の労働の全体の管理権もその成果の所有権も、資本のものとされる。それが、労働力が商品化されて、資本がその価値を支払い、使用価値を手に入れる社会関係の内実となる。

さきの例でみてゆけば、一日一二労働時間となれば、紡績工は一〇〇キログラムの綿花を綿糸に加工できることになり、原料綿糸に要した四〇時間と紡錘二分の一の摩耗分八時間の生産手段に一二時間の労働を加え、合計六〇時間労働を価値実体としてふくむ綿糸一〇〇キログラムを産出する。かりに、一労働時間あたり二五〇〇円の比率で価値の実体と形態が正比例しているとすれば、資本は、いまや四八時間をふくむ生産手段に一二万円、労賃に一万五〇〇〇円を経費として投入して、六〇労働時間をふくむ一〇〇キログラムの綿糸一五万円を産出物として獲得していることになり、投入と産出の差額一万五〇〇〇円を剰余価値として入手することになる。その源泉が、剰余労働六時間にあることはあきらかである。それは、労働力商品の価値と使用価値との違いに由来するといえる。

もっとも、剰余労働がおこなわれている社会関係のもとでは、価値の実体と形態との比率は、剰余労働の成果の社会的配分関係をめぐる自由度に応じて、正比例の関係からはむしろ法則的に乖離するように、資本の競争が作用することになる。とはいえ、その総体としてみれば、剰余労働が、資本主義的な生産にもとづく剰余価値の源泉をなしていることは、その問題によって否定されるところとはならない。

古典派経済学は、「労働の価値」を資本が労働者に支払いながら、なぜ全労働の成果が労働者に帰属せず、資本が剰余価値を産出しうるのか、十分な理論的解明を与えることができなかった。労働所有権論によるその労働価値説からみれば、年々の労働の成果が、賃金のみならず、利潤や地代としても取得されるのは不正や盗みにあたらないか。リカーディアン・ソシアリストはこうした観点から、労働全収益権論を主張していた。

資本主義的な生産を存立させている剰余価値生産の秘密が、その秩序を自然主義的に理想化し擁護する古典派経済学や新古典派経済学では、理論的に解きあかされず、むしろ資本主義のしくみに批判的な考察をすすめたマルクスによって、はじめてその合理的存立の原理が解明されたことは、経済学の思想と理論の歩みのなかで、なんど考えても興味が尽きないところである。

(3) 生産価格の理論　古典派経済学の労働価値説において、剰余価値生産のしくみの正確な理解とあわせて、重大な問題として残されていたのは、資本の競争をつうじ、諸産業のあいだに利潤率が均等化されるという法則的な傾向と労働価値説の関係をどのように理解するかであった。

すなわち、異なる産業では使用する技術が異なるので、労働雇用に投じられる可変資本（v）と生産手段に投じられる不変資本（c）の構成（比率）が一般に異ならざるをえない。剰余価値（m）は、労働実体としては、さきの事例でも剰余労働をもたらす可変資本から生ずる。不変資本の価値実体は、生産物に移転されてゆくにとどまる。他方、労働日の長さや労働力の価値は、労働市場が流動的であれば、社会的に均等化され、産業が異なっていても、剰余価値率（m／v）は均等化される傾向がある。

そこで、かりに剰余価値率がさきの例と同じく一〇〇パーセントであるとして、その社会に同じ一〇〇の資本を投じている異なる産業が三部門並存しており、それぞれが可変資本に二〇、三〇、四〇の資本をあてているとしよう。それぞれの産業の資本が一年に一回転しているとすれば、諸商品の価値の形態としての価格が、背後の価値実体としての労働量に正比例していて、等労働量交換を実現するとみなす、古典派的労働価値説にしたがえば、各一〇〇の投資により生産し、利潤として獲得する剰余価値の投資額にたいする比率は、二〇パーセント、三〇パーセント、四〇パーセントと異なる結果を生ずる。

ところが、現実には異なる産業に異なる構成で投資されていても、資本は競争をつうじ平均的な一般的利潤率をあげる傾向がみられる。リカードはこの問題をめぐり、労賃が上昇しても下落しても、(利潤にはその逆の変化が生ずるにせよ) 生産に要する労働量にもとづく諸商品の交換価値には変化を生じないという、労働価値説に若干の修正を要することを認めていた。しかし、反リカード派は、これを例外的修正とはいえない一般的傾向であると強調し、労働価値説がこの問題で破綻していると批判した。

これにたいし、マルクスは、右のような事例であれば、各産業が産出する年生産物に要する費用価格(c+v)一〇〇にたいし、資本の競争を介して成立する平均的で一般的な利潤率三〇パーセントにしたがい、追加される平均利潤三〇を加え、生産価格一三〇が各産業の製品価格の基準をなすことをあきらかにして、労働価値説にもとづく生産価格の規定を導いていた。そのさい、費用価格が、商品の生産に費消された、原料や機械の損耗分の労働実体と労働力商品の価値実体とを補塡し、その再生産を実体的に可能とする役割を有していることも明確にしている。他方、それに追加される平均利潤は、資本構成（cの比率）が低い産業から、資本構成の高い産業への剰余価値の実体的再配分をもたらすものとみなしていた。

その結果、生産価格による取引をつうじ、総生産価格は総価値に等しく、総利潤は総剰余価値に等しいという、総計一致の二命題が、価値と生産価格をつなぐ労働価値説の展開を示すところとも主張していた。

『資本論』第三巻の最初の二篇に示されている、ほぼこのような価値の生産価格への転化論をめぐっては、その後、新古典派の理論家も参加して、価値論論争、さらには転形問題論争といわれる一連の学問的論争と研究が続けられてきた。

たとえば、オーストリア学派第二世代のベーム＝バヴェルク（1896）が、『資本論』のこうした労働価値説の展開を、交換価値の決定論としてみると、あきらかに第一巻と第三巻の矛盾を示すものと論難していたのにたいし、マルクス学派第二世代にあたるR・ヒルファディング（1904）は、つぎのように反論していた。すなわち、マルクスの経済学はたんなる交換比率の決定論にとどまるものではない。歴史社会としての資本主義の特質を、唯物史観による人類史的な観点から理論的に解明する課題を追究している。そこで、価値の生産価格への転化も、資本主義にさきだつ小商品生産者社会での等労働量交換の基準から資本主義社会における生産価格を基準とする交換価値への発展を、歴史的・論理的にあきらかにする意味をもっており、その間に論理矛盾があるとはいえない。

こうしたヒルファディングの反批判は、その後もマルクス学派の代表的な見解として継承されてきた。しかし、生産価格論にさきだつ価値法則を、資本主義にさきだつ小生産者の社会関係とみなす見解は、第一巻で、資本による剰余価値生産のしくみを価値法則にもとづいて解明した『資本論』の論理構造と不整合なところがある。資本主義にさきだち、無産階級社会としての小商品生産者社会を想定してよいかどうかにも問題が残る。資本主義にさきだち自給部分を多分に残す農民などの生産物は、さきにもふれたように再生産の基礎との関係で、むしろ買いたたかれる余地もあり、価値法則の社会的必然性を論証するのに不適切ともいえる。

それゆえ、社会的労働の量関係が、商品の価値の実体として商品の価値の形態を社会的な必然性をもって規制するようになるのは、労働力を商品化して、資本が社会的規模で生産を組織するようになり、むしろ全面的な商品経済社会が成立していることが前提となるのではなかろうか。その意味では、たんなる商品論でいきなり労働価値説を説く『資本論』の構成にも、古典派労働価値説の残滓《ざんし》（残りかす）的な問題があった。それを考慮して、宇野弘蔵は、労働価値説の論証を資本の生産過程論に移す再構成を試みている。

そのさい、さきに例示したような剰余労働がない社会をまず想定して、等労働量交換を実現する価値の形態が成立することを示している。だが、資本主義のもとでは、かならず剰余労働が剰余価値の源泉として支出されていることを考慮するならば、その部分には、生産手段と労働力の価値実体に求められるような補填原理が規制力として働かず、価値の実体による価値の形態としての価格への規制力には、そのかぎりで弾力性がふくまれていることにも注意して、価値法則を論証し理解することが望ましいであろう。

かりに価値法則にそのような再解釈がゆるされるならば、生産価格の理論は、労働価値説と矛盾してもいないし、その修正にもあたらない。資本の競争を介し、剰余価値の平均利潤としての配分関係を、まさに労働価値説の具体的展開としてあきらかにする規定と位置づけられることになろう。

（4）恐慌論　資本主義市場経済は、古典派経済学や新古典派ミクロ経済学が想定していたように調和的で合理的な秩序ではなく、その成長過程で、くりかえし自己破壊的な恐慌を生じさせてきた。そこに、資本主義が特殊な歴史社会として有する内的矛盾と、その端的なあらわれが認められる。『資本論』の経済学は、そのことを重視して、当時、ほぼ一

○年の周期性をもって法則的に反復されていた、周期的恐慌の原理にも豊かな考察を加えている。
しかしその考察は、価値論や剰余価値論にくらべて理論的完成度が十分でなかった。そのため、その後継者のあいだでも恐慌の必然性の根因をめぐり、見解が分かれている。多数派は、資本主義のもとでの労働者大衆の消費需要の抑圧による過少消費、あるいは無政府的産業部門間の不均衡に由来する商品の過剰生産と販売困難を強調してきた。しかし、資本主義経済のもとでの価値法則にもとづく需給調整機構の作用との関係で、なぜそのような困難が周期的に発生することになるのか。その背後に需給調整機構の作用をともなう資本の蓄積全体がゆきづまり過剰化して、利潤率が低落する困難がさらに追究されてよいのではないか、とも考えられる。たとえば宇野弘蔵の『恐慌論』(1953) は、ほぼこうした発想で『資本論』から労働力の商品化にもとづく資本蓄積に内在する矛盾と、その発現としての周期的恐慌の原理を再整理してとりだしている。

すなわち、好況期の資本蓄積は既存の固定資本にもとづいて事業規模を拡大してゆくので、労働雇用は一方的に増大してゆく。しかし、その過程でいわゆる産業予備軍としての過剰な労働人口は雇用関係に吸収されてゆくので、やがて労働市場が逼迫《ひっぱく》し、労賃が騰貴し、それによって利潤率が圧縮される好況末期を迎える。

労働力は、他の商品生産物とは異なり、資本により生産されうるものではない。そのため労賃が上昇しても、供給を増すことができない。資本主義が成立する根本的な前提をなす労働力の商品化に内在する無理が、資本蓄積を過剰化する制約としてあらわれる。その過程で信用取引も過度に拡張され、とくに好況末期に特徴的な投機取引に大きく動員されて、その結果、利子率は利潤率に逆行して上昇してゆく。産業資本の過剰蓄積が貸付資本の相対的不足に反転して表現され、好況期には産業資本の蓄積を促進する機能を果たしていた信用制度が、蓄積の進行を制限し、破壊する作用をもたらす。

周期的恐慌は、産業資本の過剰蓄積が、労賃の上昇と利潤率の低落を招くとともに、利子率を上昇させるなかで、典型的には、信用拡大に依存して膨張していた投機的な商品在庫が投げ売りされる商業恐慌にはじまり、商業手形の清算の困難をめぐる信用恐慌と、支払い手段としての資金の不足とを相互媒介的に深化させ、それによって産業資本の活動も麻痺し、収縮して産業恐慌も深化してゆく。

こうした恐慌局面を経て、雇用も縮小し、一時上昇した労賃も引き下げられ、大衆の過少消費による商品販売の困難が広がることにもなる。不況局面では、その困難をひきつぎながら、部門間の不均衡も存続し、有効需要の回復が容易でない。そのかぎりで、労働力商品も、設備能力としての産業資本も、さらには貸付資本も遊休し、その三者の有効な結合がなかなか達成されない。この不況期の困難は、多くの産業資本が既存固定資本の償却をすすめて、その廃棄更新がすすめられるようになると、新たな生産方法や新製品、新産業へのイノベーションをともなう投資が可能とされ、新たな好況への転換が実現される。

新たな生産力を実現する投資は、資本の有機的構成（cの比率）を高度化することが多いので、投資単位あたりの可変資本（v）の比率は低下し、恐慌を介して、不況期に相対的に過剰化している労働人口に、さらに相対的過剰人口が追加され、労働者には不当にみえる「合理化」が実現される。しかし、こうした相対的過剰人口の追加的形成が、新たな好況期の資本蓄積を以前より高い水準に到達させる労働力の余裕を準備することにもなる。それは、労働力の商品化に内在する資本蓄積の矛盾の現実的解決形態をなしてもいる。

ほぼこのような筋道で読みとることができる『資本論』の恐慌論は、資本主義経済に内在する特殊歴史的な自己破壊的動態の原理を理解するうえでも、さらには一九七〇年代初頭以降、ふたたび自己破壊的な不安定性を反復して露呈するようになった現代世界の経済危機と再編の動態の意義を、その根本から理解するうえでも欠かせない考察基準をなしているといえるであろう。

3　資本主義の発展・変化とマルクス経済学

一八八三年にマルクスが、ついで一八九五年にエンゲルスが亡くなった。その後『資本論』にもとづくマルクス経済学は、今日まで大別して二つの方向に発達してきた。そのひとつは、『資本論』でほぼ確立された社会科学としての経済学の基礎理論についてである。たとえば価値論、貨幣論、再生産論、利潤論、利子論、地代論、恐慌論などにわたり、残されている問題や不明確な点を整理し、理論的な深化発展を試みる作業である。おそらく社会科学の分野で『資本論』ほど、くりかえし学問的検討を加えられ、しかもそれをつうじて理論的魅力と生命力を発揮してきた著作はない。

もうひとつの方向は、資本主義の新たな発展とそのもたらす問題を、『資本論』にもとづき、どのように解明するかである。そこでは、『資本論』のような原理論では直接とり扱うことのできない、国家の役割やその政策基調の変化も重要な考察課題となる。実際、資本主義の世界史的発展は、一九世紀末以降、その様相を大きく変転させてきた。

ここではまず、第一次世界大戦にいたる古典的帝国主義段階、ついで大戦間の激動の移行期、さらに第二次世界大戦後の高度成長期に区分し、『資本論』にもとづくマルクス経済学がそれぞれの時代の重要な政治経済問題にとりくみ、どのように歩みをすすめてきたか、その概要をみておこう。

(1) 修正主義論争から帝国主義論へ マルクス以後の資本主義の発展で生じた新たな諸様相を、『資本論』の理論によって適切に理解しうるのか。この問題は、とくにドイツ、オーストリア、ロシアなどで、労働者運動とそれにもとづく政党の成長が、マルクスの学説をその基礎とするようになってゆくなかで、緊急な社会的意義をもっていた。

この問題を最初に提起したのは、E・ベルンシュタインであった。彼は、K・カウツキーとならぶエンゲルスの後継者と目されていた。それだけに、エンゲルスの没後まもなく、彼がつぎのような修正主義を主張したことは、大きな衝撃を与えた。

ベルンシュタイン(1899)によれば、一九世紀末の資本主義の発展は、『共産党宣言』や『資本論』、あるいはそれらに依拠するドイツ社会民主党の『エルフルト綱領』(1891)の前半部分と一致していない。ことに資本主義の発展は、生産の集積による少数の大資本家と多数の賃金労働者への社会の両極分解をもたらし、よりはげしい恐慌をつうじて労働者の窮乏化をうながし、社会主義革命を必然化するという理論に適合していない。株式会社形態は、むしろ資産所有の集中に反対に作用し、都市や農村には中小経営が強固に存続し、金融機構やカルテル組織などは恐慌にたいする適応性を高めている。そうしてみると、マルクスの学説や、それにもとづく『エルフルト綱領』の前半は妥当性を失っている。ドイツ社会民主党は、むしろその綱領後半における当面の諸要求に任務を限定し、民主的改良を積み重ねて社会主義を漸進《ぜんしん》的に実現する方針をとるべきである。

このような論評は、当時の資本主義の新たな発展をマルクス学派がいかに理解すべきか、という重要な問題を提起している側面があった。とはいえ、ベルンシュタインは、この問題をマルクス経済学の発展により解明しようとせず、多くの誤解を重ねながら、マルクスの学説を新たな諸事象にてらして否定し、改良主義をすべてとする方向にそれていった。

これにたいし、たとえばカウツキー（1899）の反批判は、唯物史観、価値論、蓄積論などについて、ベルンシュタインの無理解や誤りを正しつつ、一九世紀末の資本主義にもマルクスの学説は十分妥当していることに重点をおいていた。とくに、社会の両極分解と労働者の窮乏化の傾向はつらぬかれているのであって、株式会社やカルテルはむしろ資本の支配の集中をおしすすめる手段をなしている。農業や家内工業における小経営者の多くは、すでに負債や地代の搾取をうけて、最も哀れな賃金で生活している雇用労働者と実質上同様の生活をしいられており、新中間層たるインテリも教育の民衆化につれてプロレタリア化しつつある。それゆえ、労働者階級の組織化をすすめ、社会主義革命を実現するマルクス主義の基本は修正すべきではない、と反論したのである。

こうした修正主義論争において、修正派と正統派がともに、社会の両極分解と労働者の窮乏化法則をマルクスの学説の中心とみて、その現実的当否を争っていたのは、二重の意味で狭すぎる発想であった。

第一に、『資本論』にもそのような言説がみられはするが、その理論構成の全体は、むしろ資本主義経済の原理的なしくみを、その特殊な歴史性とあわせてあきらかにする体系をなしているのであって、それによって資本主義をこえる社会主義の可能性を変革の対象として、理論的に明確にすることに重点をおくものとなっていた。その意義は、資本主義の発展のなかで、ある時期に賃金労働者の実質的な生活水準が高められるとしても、それによって否定されてよいものではない。第二に、資本主義のもたらす社会経済的危機と社会変革への必然性は、両極分解と労働者の窮乏化のみによって与えられるものではない。

実際、二〇世紀初頭になると、修正主義論争のなかで、事実上問題とされながら正確に解明されなかった資本主義の新たな発展の様相と、そこに生ずる新たな重大な社会的危機は、帝国主義政策とそこから生ずる世界戦争の意義をめぐって新たな考察を要する課題となっていった。『資本論』にもとづき、この課題にマルクス学派としての重要な貢献を加えたのは、とくにR・ヒルファディングの『金融資本論』（1910）とV・I・レーニンの『帝国主義』（1917）であった。

それらによれば、一九世紀末以降、固定資本の大規模な重工業の発展にともない、株式会社形式による金融資本が新たな支配的資本として成長し、銀行と産業企業の集中と独占化への組織を形成した。それにともない、従来の商品輸出に加え、とくに資本輸出の拡大が重要性を増した。それによって、新旧の資本主義列強のあいだの資本輸出の権益確保をめぐる政治経済的な勢力圏の世界的分割、植民地再分割の争いが帝国主義的政策の対立を激化し、やがて破局的な帝国主義世界戦争を不可避とする過程が、資本主義の新たな世界史的発展段階を構成してきた。

たとえば、カウツキーは、帝国主義を産業資本が交易拡大のために選択可能な一手段とみなし、R・ルクセンブルクの『資本蓄積論』（1913）も帝国主義を資本主義が剰余価値を貨幣化するために必要な、外部市場を求める必然性から説いていた。しかしそれでは、産業革命を経て、重商主義政策を廃止して自由主義政策を支配的政策としていた資本主義が、一九世紀末以降、新重商主義ともいわれる帝国主義政策をあらためて基調とするにいたる世界史的必然性とその意義とは、明確にならない。

カウツキーがドイツ社会民主党の中央派を指導しつつ、世界戦争の危機にあたり、労働者階級の利害を反戦に向けてつらぬけず、労働者組織防衛のために「祖国防衛戦争」に協力する方針をとる誤りをおかしたのも、そのためといえる。レーニンは『帝国主義』論の認識にもとづき、これを批判して、世界戦争は相争う双方からみて、金融資本の利害にそくした帝国主義戦争にほかならず、そこに生ずる労働者大衆の危機は、反戦運動を社会主義革命へと転化してゆくことで克服してゆくべきである、という戦略方針を提示したのであった。

それと同時に、そのような戦略方針の基礎として、資本主義の新たな帝国主義段階論としての研究次元をあらためて開拓した。そこでは『資本論』のような資本主義の原理では直接に考察されえないような、具体的な主要産業の発展、交替とそれにもとづく支配的資本の歴史的変化、さらにそれに対応する国家の役割や経済政策の展開と世界市場編成の変転が、原理的な考察を基準としつつ、資本主義の世界史的発展段階論として体系的に研究されることとなった。それは歴史学派や制度学派が重視している国民国家の経済的役割を、資本主義の世界史的な発展にともない変化するものとして、体系的に整理して位置づけるマルクス経済学の接近方法を明確にする意義をも有していた。

こうした資本主義の発展段階論を『資本論』の原理とあわせて考察基準とすることにより、日本資本主義分析のような、ある国の資本主義の発展や現状の分析も、より適切におこなうことができるにちがいない。こうした観点から、日本におけるマルクス経済学における導入と適用の試みのなかで、『資本論』、『帝国主義』論、日本資本主義分析の研究次元の相違と関連を、マルクス経済学における原理論、世界史的発展段階論、および現状分析の三領域に区分して整理するいわゆる三段階論の方法を提唱したのが宇野弘蔵であった。宇野の『経済政策論』（改訂版、1971）は、こうした方法論にたって、資本主義の世界史的発展段階論を重商主義段階、自由主義段階、帝国主義段階に区分して提示し、レーニンの『帝国主義』論の意義をそれによって、より明確に示している。

これくらべ、ヒルファディングやレーニンも『資本論』の原理的考察と同じ次元で、新たな資本主義の発展の理論として金融資本や独占資本の規定を与え、さらには帝国主義論が展開されるかのように扱っているようにも読める一面がある。そのように解釈して、資本主義の新たな発展に応じ、資本主義の基礎的理論モデルを更新する方向を探る発想は、その後のマルクス学派のなかにも存続してきた。

しかし、その発想にしたがうと、『資本論』は、一九世紀資本主義の古い理論モデルとみなされ、それに代わる新たな理論体系が資本主義の発展につれてつぎつぎに求められてゆくことになる。たしかに資本主義の発展を参照しつつ、『資本論』の原理的展開にもあらためて考慮を加えるべきところがありうるとしても、それはあくまで、資本主義の基礎理論としての原理の次元においてであって、それによって資本主義の世界的発展段階論としての『帝国主義』論の研究次元が不要とされてよいはずはない。

資本主義の歴史性は事実上いくつかの層をなして展開されており、歴史を理論的に解明するマルクス経済学の研究も、資本主義市場経済の一般的原理で終始しえず、その世界史的発展段階の推移や現状の具体的な解明を、段階論や現状分析の研究次元として必要としている。新たな発展の様相や現状から、性急に『資本論』の理論体系はもはや古いとみなしたり、逆に新たな社会経済問題も原理的に解釈することに終始するだけではすまないわけである。修正主義論争から帝国主義論の形成にかけてのマルクス派の歩みは、こうした問題を古典的に例示し、それを整序する三段階論のような方法の必要性を示唆していた。

（2）社会主義に対抗する資本主義へ　第一次世界大戦（1914–18）は、資本主義の発展に重大な二つの衝撃をもたらした。そのひとつは、ヨーロッパ諸国の社会経済危機から、その弱い一環であったロシアにレーニンの戦略方針にもとづく社会主義革命（1917）が実現され、マルクス主義を標榜する国家がはじめて誕生したことである。その後の資本主義は、ソ連型社会主義の成長に対抗することに大きな努力を求められ続けた。

もうひとつは、第一次世界大戦の主戦場となったヨーロッパ諸国が衰退し、戦時ブームを契機とするアメリカの繁栄が顕著となった。その過程で、一九二〇年代のアメリカには農家にも都市の労働者家庭にも、家電やクルマなどの耐久消費財が普及しはじめる。

しかし、そのブームは長くは続かなかった。ヨーロッパの復興にともない、世界的な農業不況が影を落とすようになり、ついでニューヨーク株式市場のバブル的ブームが反転するなかで、一九二九年からの大恐慌が世界的規模に拡大し、世界経済の自己崩壊的収縮を招いていく。

資本主義経済に内在する矛盾の周期的恐慌としての発現は、マルクス没後、一方でほぼ五〇年周期の長期波動をもともなう複雑な様相に変化するとともに、他方で破局的な世界戦争に、資本主義の帝国主義的発展の矛盾が転化される傾向があった。しかし、第一次世界大戦のもたらした世界的な農業不況や戦災賠償問題をめぐる世界的な資金循環のゆがみなどを重要な現実的要因としつつ、資本主義に内在する根本的なブームとその崩壊をもたらす不安定性は、帝国主義戦争によっても除去されえなかったのであり、むしろ増幅され、大恐慌を生じさせた。

同じ時期に、ソ連は集権的計画経済のもとで五カ年計画をくりかえし順調に達成し、資本主義諸国が苦しんでいる失業問題もなく、資本主義に代わる社会主義の建設をすすめているようにみえた。またそれが世界の労働者階級の強い関心も集めていた。

そのため、大恐慌からの資本主義世界での回復努力は、ともに社会主義に対抗しつつ、二つの類型に展開される。そのひとつは、ニューディール型の積極財政による雇用政策を重視しつつ、労働組合の団結権、交渉権を尊重する、社会民主主義的方向であり、すでにみたケインズ経済学が、その理論的基礎を提供する意図と意義をもって誕生した。

他方、もうひとつの類型は、イタリア、ドイツ、日本などに生じたファシズムで、民族主義的軍国主義による権威主義的体制のもとに、国内の大衆の不満や不安を対外侵略政策とそのための戦時統制経済により統合してゆこうとしていた。

第二次世界大戦（1939–45）は、たんなる古典的帝国主義戦争とは理解できない。むしろ第一次世界大戦後の社会主義に対抗する資本主義のこうした二類型の争いが、第一次世界大戦に敗北したイタリア、ドイツに日本も加わった枢軸同盟による軍事的再挑戦としてはじまり、ソ連も軍事的侵攻をうけて（反枢軸）連合国軍に加わり参戦する。

この複雑な対立抗争関係をふくんだ第二次世界大戦がファシズム枢軸同盟国の敗北に終わる過程で、ソ連は赤軍が進駐した東欧諸国を社会主義圏に編入して、その支配的地位についた。他方、アメリカは、戦場にならないまま、軍事需要でいっきに大恐慌の失業問題を解消し、資本主義世界で圧倒的に強い経済力を実現し、戦後の復興と高成長に支配的役割を演ずる位置についた。

こうした激動の両大戦間期に、マルクス経済学には、大きな関心がよせられながら、きびしい歴史の重圧が加えられ続けた。

まず、ロシア革命は、マルクス主義とその基礎となる経済学への世界的関心をいっきに高めた。日本にもその影響は大きかった。一九一九年に東京大学で法学部から経済学部が独立したように、多くの大学で経済学の教員が増加する時期に、採用された有力な若手研究者たちの多くは、ドイツに留学し、ロシア革命とそれに続くドイツ革命（1918）によるワイマール共和国への変革などに多大の感銘をうけ、マルクス経済学に惹かれていた。

しかし、同時にロシア革命は、それを領導したレーニンのボリシェヴィキ党（ソ連共産党）とドイツ、オーストリアなどの社会民主党の中央派カウツキーらとのあいだに、反戦と社会変革の路線をめぐる対立と分裂を生じさせた。たとえば前者は、革命党としての民主集中制による鉄の規律にしたがう党の指導的役割を強調し、反戦運動を武装蜂起による社会変革へ転化して、社会主義革命を実現した。他方、後者は、労働者大衆のストライキなどの組織的闘争と議会の役割を民主主義の基礎として重視し続けた。そこで、前者からは、後者はその路線の結果、反戦と社会変革をつらぬけなかった背教者と批判された。

この分裂は、それぞれの影響のもとで蓄積されていた『資本論』による社会科学としての経済学の学問的発展深化に、国際的な協力や交流を落ち着いて促進するうえでは、大きな障害ともなった。

とくに、戦前のドイツ社会民主党を中心としていた第二インターナショナルが第一次世界大戦により挫折した後に、ソ連共産党を中心に第三インターナショナル（コミンテルン）が一九一九年に発足して、国際共産主義運動の代表的組織となるなかで、ソ連型マルクス主義がマルクス経済学においても「正統派」とみなされる傾向が世界的に顕著となっていった。

しかも、ソ連内部で、とくに一九二四年にレーニンがなくなった後、その後継者のなかからV・I・スターリン（1879-1953）が政権を掌握する過程で、最大のライバルで、長期波動論の研究にも貢献し、さらにソ連の社会主義建設のためにも世界革命が必要であると説いていたL・トロツキーをはじめ、N・I・ブハーリン、I・I・ルービンなど、すぐれた経済学者たちを国外に追放したり粛清し、学問研究の自由を容認しない体制が形成されていった。ソ連型マルクス経済学は、個人崇拝的なスターリン体制のもとで、多くの資料を集めたいくつかの恐慌史研究や、マルクス、エンゲルス、レーニンらの著作集の編集とその文献学的研究などに成果はあげていたにせよ、概して教条主義的となり、学問的批判や発展性を欠く傾向を強めざるをえなかった。

それに加え、ファシズムが支配的となった諸国では、マルクス経済学の研究は排撃され、ドイツ、オーストリアなどマルクス経済学の発展に大きく寄与していた中欧諸国での、この分野の伝統は根絶やしにされる。たとえば、カウツキーもヒルファディングもナチスに追われ、亡命先で死去している。日本でも多くのマルクス経済学の研究者は、ファシズムの弾圧にあい逮捕され大学を追われた。とはいえ、日本では幸いその大多数が、苦難を重ねつつ第二次世界大戦を生き延びて、戦後大学に復帰しえた。その結果、戦後の日本には、世界的にみても例外的なマルクス経済学の自由な学問的研究が広く後続世代を巻き込んで、展開される環境が再形成されたのであった。

(3) 戦後資本主義の高成長をどうみるか　第二次世界大戦後の世界は、まもなく一九四六年にイギリスのチャーチル首相が述べた「鉄のカーテン」で仕切られたような東西両陣営の対峙する冷戦構造に入る。その前後の戦争の破壊的打撃からの混乱と復興の困難な時期に、資本主義の新たな段階規定としてまず関心を集めていたのは、ソ連マルクス派（アカデミー経済研究所編）の『経済学教科書』(1955) などに示されていた「全般的危機論」であった。それはレーニンが『帝国主義』で示唆していた第一次世界大戦後の展望を、スターリンが継承発展した見解とされていた。

そこでは、資本主義の全般的危機の特徴は、世界が資本主義体制と社会主義体制に分裂し、そのあいだで闘争がおこなわれること、帝国主義の植民地制度が危機にあること、市場問題が激化し、企業の遊休設備と大量失業が慢性的にあらわれることにある、とされていた。さらに、この全般的危機は、第一次世界大戦とソ連邦成立により第一段階がはじまり、第二次世界大戦後には、東欧とアジアの人民民主主義諸国の資本主義体制からの離脱にともない、その第二段階がはじまっていると説かれていた。

この見解は、第二次世界大戦の打撃からの戦後危機の時期には、大きな説得力を示していた。また、たしかに植民地制度は全般的な危機を迎え、一九四八年には北朝鮮に、一九四九年には世界最大の人口を有する中国に社会主義政権が誕生し、その後も植民地独立運動があいついで成功をおさめ、そのなかでインドネシア、ベトナム、キューバ、アフリカの旧ポルトガル植民地諸国、南イエメンなどに社会主義をめざす変革が達成されてゆき、地球の面積の三〇パーセント、人口の三五パーセントは、資本主義体制から離脱するかにみえた。

とはいえ、資本主義世界の中枢部を形成する先進諸国には、ほぼ一九五〇年から一九七三年にかけて、むしろ比較的急速で安定的な経済成長が実現される。アームストロング、グリン、ハリソンの共著 *Capitalism since World War II*（1984）によれば、この時期の資本主義先進七カ国（米、英、西独、仏、伊、日本、カナダ）の年平均実質成長率は四・九パーセントに達し、それ以前における最も高い平均成長率の時期（一八七〇－一九一三年）の約二倍を記録し、総産出高のほぼ三倍増を実現している。この間にも、景気の変動はくりかえされてはいたが、成長率の低下は軽微で、速やかに克服され、慢性的な失業の大量発生を生ずることはなく、雇用の増大傾向も継続していた。

それゆえ、全般的危機論はこの側面から大きく妥当性が疑われていった。それに代わって、この時期の資本主義先進諸国の高度成長をどう理解すべきか。とくにケインズ経済学がアメリカから広がる経済政策の公認の基調とされ、ニューディール政策の延長上に、管理通貨体制のもとでの財政・金融政策により、ほぼ完全雇用を維持してゆけるノウハウを、現代資本主義は習得したと一般に理解される傾向が広がる。そのなかで、マルクス経済学として、それをどううけとめるべきかが問われていたのである。

それをうけて、この時期には、マルクス学派の現代資本主義論にも、ケインズ政策の現実的有効性を認める理論構成が広がっていた。

たとえば、イギリスでJ・ストレイチーの『現代の資本主義』(1956)は、資本主義のもとでの労働者大衆の窮乏化が、寡占企業の投資制限により増強され過剰生産を慢性化する傾向にたいし、「政治的民主主義」の圧力により、利潤動機を制限し、ケインズ政策による景気調整をすすめ、所得再配分を福祉政策として拡大する体制がいまや形成されたと主張していた。そこで、この発展傾向を延長してゆけば、現代資本主義は民主的に社会主義に改良されうると期待していた。

これに呼応するかのように、東独のK・ツィーシャンク（1957）もつぎのような見解を提起し、論議をよんだ。すなわち、資本主義のもとでの生産力の社会化に応じ、生産関係が個人資本から株式資本に展開され、さらに国家が経済に引き入れられて、国家独占資本主義の段階が形成され、所得再配分、生産調整をつうじて、景気の発展に大きな影響を与えるようになった。この見解は、日本では、今井則義（1960）、井汲卓一（1971）らに支持され、構造改革路線の基礎とされ、日本社会党の政策転換にも影響を与えた。

こうした諸見解では、ケインズ政策は、社会民主主義的福祉政策とあわせ、その有効性と積極的意義が、社会主義にいたる期待までふくめ、やや過大に評価されていた。

P・A・バランとP・M・スウィージーの共著『独占資本』（1966）も、寡占的巨大産業株式会社が下方硬直的製品価格を維持しつつ、非価格競争の面で生産費の切り下げ努力をすすめ、経済余剰を増大させつつ、産業的投資にそれを十分吸収できないまま、「慢性不況の泥沼」に沈み込む傾向があるとみなしながら、他方で、ケインズ的財政支出が過剰な経済余剰へのはけ口を与え、雇用水準を維持してゆく体制をなしていることを認めた。

とはいえ、一方で、その財政支出の内容が、反動的軍国主義への支出、都市の荒廃、道徳的規範の衰退をもたらす退廃性を深めていることに批判を加え、他方で、その雇用効果が先進諸国の労働者階級を革命的行動から遠ざける作用をもたらしているとみていた。その意味で、ケインズ主義的政策が、社会主義の理念の実現に容易につうじていないことを指摘し、変革の可能性はむしろ途上諸国にあることを示唆していたのである。

これに呼応して、S・アミン『世界資本蓄積論』(1970)、A・エマニュエル(1972)、A・G・フランク『世界資本主義と低開発』(1975)、I・ウォーラーステインなどの一連の第三世界派あるいは従属学派が登場し、注目を集める。そこでは、それぞれに植民地体制から政治的独立をかちとった第三世界諸国が、かえって低開発性を強めている原因はなにかをめぐり、ほぼつぎのような見解が示された。

すなわち、世界資本主義の中枢諸国における独占資本主義の安定的な発展自体が、その裏に周辺第三世界諸国の従属的経済の低開発性の深化を生んでいる。農民など多様な生産様式の接合関係からなるそれら諸国の経済は、中枢資本主義諸国との接触をつうじて、自給経済が破壊され、手工業が壊滅し、失業が増大して、劣悪な労働条件と低賃金が構造的に深まり、そのためにまた中枢諸国との不等労働量交換が剰余労働の収奪をともなって法則的にくりかえされている。

その世界システムの構造的抑圧は、国連のプレビッシュ報告(1964)にみられる輸入代替産業の振興をケインズ主義的にすすめる方策では、克服できなかった。ソ連型共産党の二段階革命路線が想定していた、国内の遅れた封建制の除去が最初の変革として必要とされているという見解も、一国主義的で正しくない。むしろ自力更生を求めて、直接に社会主義革命により、資本主義世界システムからの解放をめざすべきである。キューバ革命やそれに続くラテン・アメリカ諸国の革命運動が、こうした第三世界派の見解に照応し、影響をうけるところとなっていた。

いずれにせよ、先進諸国における戦後資本主義の高成長は、マルクス学派にケインズ主義の有効性をめぐり再考をうながしていた。そのさい、多くの理論家は、マルクスの過少消費説的恐慌論にもとづき、寡占的独占体制が、資本主義の過剰生産への傾向をさらに深刻化して、国家によるケインズ主義的有効需要政策を導入させたとみなす傾向があった。

これにたいし、大内力《つとむ》『国家独占資本主義』(1970)は、マルクスの労賃上昇説的恐慌論を重視する宇野理論により、むしろ管理通貨制のもとでのインフレ政策が、実質賃金の上昇を抑制し、恐慌を回避する体制を形成したとみなし、さらにそのような体制は、生産力の上昇や独占資本から生じたというより、社会主義に対抗する位置におかれたことから現代資本主義に生じた変化であることを強調していた。

とはいえ、高度成長期の代表的な現代資本主義論は、大内の国家独占資本主義論までふくめ、ケインズ的政策が先進諸国には経済危機を回避せしめる方策として、体制的に定着しているとみなし、その効果を一般的に過大評価する傾向を多少とも共有していたといえよう。

4　マルクス経済学のルネッサンス

戦後の高度成長期には、欧米の資本主義諸国ではイギリスのM・ドッブやR・ミーク、アメリカのP・M・スウィージーやP・A・バランなど、少数の例外を除けば、マルクス経済学の学問的研究者の層はきわめて薄かった。日本の大学を中心とする経済学の研究は、その点で顕著な相違をなしていた。

ところが、一九五六年のフルシチョフによるスターリン批判と、ハンガリー事件（ブダペストでの自由化運動へのソ連軍の介入）にはじまるソ連マルクス主義の威信の低下をきっかけに、欧米の知識人や学生のあいだに、かえってマルクスの思想と理論にたちもどって、その再生を図るマルクス・ルネッサンスの潮流が、社会思想、哲学、政治学などの諸分野から広がっていった。それは資本主義の成長も、働く人びとの多くに人間的なほんとうの自由や平等をもたらさず、文明や政治の退廃が顕著となり、第三世界の民族解放闘争にも、その後の低開発性にも十分な解決を与えることができず、ベトナム戦争（1960–75）のような非人道的な武力の行使をうながす事態にたいする、若い世代の疑念や怒りとも共鳴していった。

高度成長が終わりに近づいた一九六八年、フランスでの学生、労働者の五月蜂起や、それと前後して拡大した、アメリカのベトナム反戦運動などのラディカルな若者たちの反乱は、近代資本主義文明の根底からの批判・克服への道を探り、冷戦構造のもとで地下に埋もれていたマルクスの思想と理論のルネッサンスを求める知的運動をさらにうながし、経済学にもその潮流はおよんでいった。

一九七〇年代初頭以降の資本主義世界に生じている深刻な経済危機の不安定な反復のなかで、そのようなマルクス経済学のルネッサンスがどのような論点をめぐって進展してきたか。ここでは学問的に興味ある以下の三項に絞って、その歩みをみておこう。

（1）労働価値説と転形問題論争　前章4でもふれたように、P・スラッファの主著『商品による商品の生産』（1960）は、諸商品の投入・産出の技術的物量体系と実質賃金の内容をなす生活手段の物量とが与えられれば、そこから諸商品の相対価格とそこにふくまれる一般的利潤率ないし利子率が整合的に導けることを数理的にあきらかにし、新リカード学派としての客観価値論を提示した。それは同時に、新古典派ミクロ価格理論の主観価値論に内在する弱点を、「資本論争」において学問的に露呈する「序曲」をもなしていた。

それが契機となって、リカードからマルクスへの価値論の深化・発展が、現代的に再現されたかのような価値論研究の進展が欧米の学界にうながされた。とくに新古典派経済学の専門研究者として育てられた欧米の若い世代のなかに、数理経済学の手法によっても、客観価値論としてのリカードからマルクスへの経済学の基礎理論が、十分検討に耐えうる内容を有していることが理解されていった。その面では、日本における柴田敬（1902–86）や置塩信雄（1927–2003）らによる数理的研究が、森嶋通夫（1923–2004）の『マルクスの経済学』（1973）なども介し、欧米に伝えられたことも大きな意味をもっていた。

価値論において、スラッファ自身は、労働価値説とみずからの価格理論を直結してはいない。とはいえ、与えられた客観的投入・産出の物量体系から相対価格の体系を導く数理的手法は、同じ物量体系から、（そこに投入されている労働が同質的で、結合生産物がなければ）各商品の単位量に対象化されている労働量の関係を理論的に確定することにも容易に転用できる。マルクスの労働価値説の理論的妥当性をそこからあらためて検討し、納得するにいたった研究者も少なくない。

これにたいし、非マルクス経済学者の側からは、『資本論』における価値の生産価格への転形論をめぐり、いわゆる転形問題論争が提起され、新古典派、新リカード学派、マルクス学派に共通の争点として大規模な論議が展開された。その争点のひとつは、マルクスの生産価格論において、資本の競争をつうじて、商品生産物の価値が費用価格プラス平均利潤からなる生産価格に転化されるさいに、費用価格が価値どおりで算定されていたことにあった。費用価格に入る諸要素も生産価格で売買されるはずであり、その転形手続きをどう理解するか、またそのさい総価値と総生産価格、総剰余価値と総利潤のあいだの一致を説いていたマルクスの総計一致二命題は保持できるかどうか。

この問題は、二〇世紀のはじめにドイツの数理統計学者で近代的リカーディアン、L・フォン・ボルトキエヴィッチがすでにとりあげ、投入・産出の技術的体系にもとづき、算定される各商品に投入されている労働量としての価値関係を既知数とし、各商品の価値の生産価格への転形比率と一般利潤率とを未知数とする連立方程式をたてて、これを解く手法を示していた。P・M・スウィージーの『資本主義発展の理論』(1942)において、それが紹介されて以来、一九五〇年代まで一連の転形問題論争がすでに展開されていた。

一九七〇年代には、その論争が、第二期を迎え、さきにベーム＝バヴェルクが問いかけていた労働価値説自体の当否をめぐる価値論論争とも重合されていった。その華やかな論争をつうじ、マルクス・ルネッサンスに経済理論の面から促進効果を生じつつ、マルクス学派としても再考を要する興味ある論点もあきらかにされている。

たとえば、第一に、マルクスの転形手続きにおける、費用価格を価値どおりとする規定や、それを前提とする総計一致二命題は、それぞれに特殊な条件なしには、直接には成立しえないことが明確にされた。ふりかえってみると、マルクスにおける価値の形態としての価格と、その背後の価値の実体としての労働量との区分を重視する日本の宇野学派からみれば、そのことに不思議はない。というのは、もともと生産価格は価値の形態規定の展開として、ポンドやドルや円の単位で扱われるべき規定で、その背後の価値実体としての労働（時間）量とは単位を異にしており、したがって、労働量としての総価値や総剰余労働と、生産価格や利潤との総計一致二命題を想定することにあまり意味はなかったからである。しかも、価値法則として、商品に対象化されている労働実体とその価格とに正比例関係を想定することも、さきに述べたように、剰余労働部分の社会的配分に自由度がふくまれていることからみれば、資本主義経済にとっての基本法則といえないところがあった。

そのことを認めたうえで、ボルトキエヴィッチ以来の転形手続きは、各商品に投下され対象化している労働時間と、生産価格の社会的関係構造をみるうえで、不要なこととはいえない。とくに生産価格での取引には、再生産が同じ技術体系で継続されるかぎり、費用価格の形態をつうじ、補塡されてゆく生産諸要素として、生産手段として費消された（c）と労働力の価値（v）をとりもどさせる機能がある。それと同時に各資本が競争をつうじて、平均利潤として取得する利潤部分には、社会的な剰余労働の成果の再配分の機能があることもわかる。こうして、生産価格の形態を介して資本家と労働者が取得する生産物の価値実体の社会関係まで分析してみれば、数理的にもマルクスが総計一致二命題で意図していた内容は理解できるところとなるであろう。

そうしてみると第二に、資本のもとでの生産価格としての均衡価格は、スラッファ以来の手法にしたがい、生産の技術的物量体系から直接導くことができるのだから、同じ物量体系から、その背後の労働量を算定して、これをもとに生産価格を決定する転形手続きは、理論的にはいわば三角形の二辺をたどって目的地にいたる「余計な回り道」にすぎないという、新古典派のP・A・サムエルソン（1971）や、新リカード学派のI・スティードマン（1977）らの労働価値説批判は、経済学の理論問題が、相対価格の決定論のみにあるという狭い理解によるものといえる。もっとも、それらは、労働価値説そのものがまったくの誤りであると批判していたベーム＝バヴェルクの論評にくらべれば、回り道であっても誤りとはいえないという論評となっており、学問的認識の現代的な深化をそれなりに示している。

これにたいし、多くのマルクス派の理論家は、経済学の基礎理論の課題は相対価格の決定論より広くてよいはずであると考えており、労働時間の成果の社会的帰属関係は、歴史社会としての資本主義経済の理解に欠かせない、とくに剰余価値の源泉をめぐる理論問題に、それは深く関わることと考えている。その観点から最近の転形問題の「新解釈」派のように、国民経済計算のマクロ統計での年付加価値をその年の社会的労働の成果を示すものとみて、そのうちの雇用者所得をほぼ賃金労働者の必要労働（v）の成果とみなし、それをこえる営業所得や資産所得を剰余労働（m）によるものとみなせるよう、「貨幣の価値」の意味を再規定しようとする試みも示されている。いずれにせよ、新古典派経済学の伝統的弱点をなす剰余価値源泉について、マルクス経済学の価値論にもとづく貢献は、現代的にも重要な学問的意義を有しているはずである。

第三に、非マルクス学派からは、労働の同質性を想定してよいかどうかも、くりかえし労働価値説への疑問として提起されている。その点では、熟練労働ないし複雑労働のとり扱いをめぐる『資本論』の規定にも、宿題が残っていた。この問題については、複雑労働力の価値と使用価値とを区別して検討しなければならない。

その養成のための教育や訓練に、特別の労力と費用のかかる複雑労働力の価値は、私的負担にすべてゆだねられているならば、市場原理のもとで、社会的に必要とされる種類の複雑労働力を再生産してゆくためには、その費用負担を私的に回収させる特別に高い労働力の価値が報酬として保証されてゆかなければならないであろう。その結果、複雑労働力の養成に必要な教育・訓練費用の負担に耐えうる高所得家計が、固定的にその供給源となる再生産構造が定着してゆき、教育の機会均等も社会の流動性も、したがって、また社会の活力も、競争的市場原理のもとでかえって失われてゆく。たとえば高所得の医者の子どもでなければ医者になることは望みにくい、封建社会に近い非流動的社会に近づくわけである。

その逆に、複雑労働力の教育訓練に必要な負担をすべて社会の公的支出による、教育の機会均等を徹底した（社会民主主義的）市場経済社会を想定すれば、複雑労働力にとくに高い価値を認める社会的必然性はなくなる。

労働力の価値は、その使用価値としての労働の支出に組みこまれるものではないとみる、リカードからマルクスへの労働価値説の基本認識からすれば、労働力の価値の高低は、剰余価値の側にそれと逆の変化を生ずるにせよ、高い価値をもつ複雑労働力であれば、同一時間に単純労働より強められた何倍かの労働価値を生むかのように述べている、マルクスの（古典派を継承した）叙述には疑問が残る。異質な具体的有用労働の相違をこえて、ともに他の動物の作業とは異なる同質的な抽象的人間労働を社会に貢献しているという観点で、複雑労働もふくめ一様に同等な人間的労働をおこなっている側面で、労働価値説における社会的実体としての労働の意義を理解することが認められてよいのではないか。また、そのような認識こそが経済民主主義の基本を支えることになるのではないかと思われる。教育の機会均等は、こうした発想の内実を社会的にわかりやすくしてゆくためにも重要であろう。

こうした観点からすれば、マルクスの価値論で想定されている労働の同質性は、理論的とり扱いのうえでの簡単化の便宜によるもので、現実の社会経済関係にみられる労働の異質性、複雑性により、妥当性が失われるとする批判は、適切でなかったことになる。

とくに一九八〇年代以降の新自由主義的グローバリゼーションのもとで、いま世界的にも先進諸国内でも富と所得の格差が拡大し続けていることに、大きな懸念と不満がよせられつつあるなかで、一見、迂遠《うえん》にみえるマルクスの価値と剰余価値の理論をめぐる論争と研究が、そのような経済格差拡大の根本に作用している市場経済の論理を理解し、批判するうえでも重要な意義をもっていることに、あらためて留意しておきたい。

（2）恐慌論とその適用

一九七三年に第一次オイルショックを一環として生じた、先進諸国における深刻なインフレの悪性化をともなう経済恐慌は、戦後の高度成長に終焉《しゅうえん》をつげ、その後の危機と再編の不安定な長期停滞の時代への転換をもたらした。それにさきだつ安定的な高成長の時期には、ケインズ政策の有効性が広く信認されるとともに、マルクス学派に特徴的な恐慌論は、すでに歴史的な過去のエピソードにすぎないとみなされがちであった。その状況も一九七三年を境に一変するにいたる。

高度成長がなぜ終わり、それまで有効にみえたケインズ政策が、インフレの悪性化においてむしろ逆進的作用を顕著とするにいたったのはなぜか。新古典派体系には、それに応える有力な参照基準をみいだしがたかった。そこであらためて『資本論』の恐慌論や、その後のマルクス学派の長期波動論としての景気循環の変容論が、有力な考察基準として注目を集め、マルクス経済学のルネッサンスを大きく推進する争点となっていった。

たとえばE・マンデルの『後期資本主義』(1972)は、そのような研究の進展方向を比較的に早く提示していた。すでにソ連マルクス学派のなかで、シュンペーターにさきだち、つぎのような長期波動論が論議されていた。すなわち、N・D・コンドラチエフは豊富・低廉な貸付資本と低物価にうながされて長期上昇局面が開始され、その条件が使い尽くされると反転して、長期下降局面に入るとし、長期波動を市場経済内の変動要因によって説明していた。これにたいし、L・トロツキーが反対し、むしろ長期波動の主要因は、新市場の開発、戦争、社会変革のような、市場経済の外的諸要因によるとみていた。マンデルは、トロツキーの理論的後継者として、第二次世界大戦による労働運動の抑圧と軍事経済からの派生的技術の効果により、戦後の高度成長としての長期波動の上昇局面が生じたとみなすとともに、すでにその局面は終わりつつあり、長期下降への転換は、マルクスの指摘した資本蓄積にともなう有機的構成の高度化（剰余価値源泉をなす可変資本vの比率の低下）による利潤率の傾向的低下の法則にともなう経済危機に起因すると説いていた。

こうした長期波動論的接近は、一九七〇年代初頭以降の資本主義先進諸国における経済危機と再編の長期的反復の経過のなかで、マルクス恐慌論の意義とあわせて重要視され続けている。しかし、マンデルが強調していた資本構成高度化にともなう利潤率の傾向的低下の法則は、資本蓄積の速度を漸次的に低下させる作用をもたらすにせよ、利潤の量的収縮とそれによる資本蓄積の阻害をただちにもたらすものとはいえない。一九七三年にかけて、戦後の高度成長をゆきづまらせ、破壊的収縮作用を与えたのは、むしろマルクス恐慌論のなかで宇野学派が重視していた、労働力商品（および一次産品）の供給の非弾力性にたいする資本の過剰蓄積による労賃（および一次産品価格）の騰貴にともなう利潤圧縮ではなかったか。

こうした分析視角が、アームストロング、グリン、ハリソン（1984）や伊藤誠（1990）などにより提示された。と同時に、一九七〇年代初頭のそのような先進諸国における資本蓄積の危機は、戦後のブレトン・ウッズ国際通貨体制の崩壊にともなう先進諸国の通貨・信用膨張のなかで進行したので、古典的恐慌とは異なり、通貨の過剰と原料、半製品などの不足をもたらすインフレの悪性化、投機的在庫形成の増進によって、再生産に破壊的打撃がおよぶインフレ恐慌の様相を呈した。その結果、その後長期にわたる危機からの再編過程においても、インフレの抑制と、とくに労資関係の再調整、資本にとって有利に使える非正規雇用などの形態をふくむ、低廉な労働力の供給構造の再編が一貫して追求される。

そこからふりかえってみると、M・アグリエッタ（1976）以降のフランスのレギュラシオン（調整）学派が強調していたように、高度成長期の先進諸国には、生産性の上昇にほぼみあった実質賃金の引き上げが労資協調的に年々実現されてゆくフォード的蓄積体制が定着し、資本蓄積の内部から生産の増大に応ずる有効需要の拡大がもたらされる好循環が作動していた。こうした見解は、戦後の高度成長が、上からのケインズ政策によるとみなす発想への一批判をなし、それに続く長期不況をいくつかの類型に分かれた労資関係再編過程と位置づけるものとなっている。

アメリカでも、H・ブレイヴァマンの『労働と独占資本』（1974）を一契機としつつ、ゴードン、エドワーズ、ライク（1982）などの蓄積の社会的構造学派が、宇野学派の資本主義の発展段階論からも示唆をえて、労資関係の社会的構造の変化を長期波動論と結びつけて、高度成長から、その後の長期不況への転換の意義をあきらかにする試みを展開している。

いずれにしても高度成長期に特徴的な労資関係の調整様式が、労資協調的な福祉政策とあわせて、資本の過剰蓄積による労賃上昇を重要な一因としてゆきづまり、再編をせまられる長期不況のなかで、実際に競争的で自由な個人主義的雇用形態への変化が、新たな情報技術（ＩＴ）による職場の「合理化」をともない、推進される傾向が顕著となっている。

一九八〇年前後から主要先進諸国に支配的となる新自由主義への政策基調の転換は、インフレの悪性化をともなう経済危機を予防も解決もできず、逆進作用さえもたらしたケインズ主義への反動をなしている。それとともに、ＩＴにより多国籍企業化をすすめる資本主義のグローバリゼーションのなかで、資本に有利な労資関係の再編に向けて、内外の労働市場を弾力的に利用し、労資関係への各種規制を緩和・撤廃しつつ、労働者や社会的弱者への保護や福祉を切り捨て、経済危機の負担を企業や富裕者から労働者大衆に転化してゆく政策方針が、新自由主義政策をつらぬく基調をなしている。

マルクスの恐慌論では、恐慌後の不況期には、産業予備軍を追加的に再形成する作用を生じつつ、資本による生産力の更新が競争圧力により強制されてゆくことが重視されていた。この不況局面における労働力の遊休化、失業者や反失業者の増大、労働力の価値と価格の切り下げの脅威が、現代的には、グローバリゼーションにともなう途上諸国の低賃金労働との競争、産業空洞化、公企業の民営化や公務員の削減、労働組合運動への抑圧、福祉の削減などの諸政策と組み合わされて、大規模に長期にわたり継続しているのである。

その全過程は、アジアの途上諸国などへの生産拠点の移転などによる資本主義世界の空間編成の大規模な再編をともない、すでに従前の五〇年周期を想定していた長期波動論の枠組みをはるかにこえる長期下降局面を先進諸国にもたらしつつある。

それにともない、先進諸国には内需の不振、成長率の低迷、設備投資の不振から、貸付資本の遊休化、過剰資金の累積傾向が継続し、それを利用した株式などの金融資産と不動産の投機的バブルの膨張とその崩壊が反復される傾向も顕著となってきている。一九八〇年代末の日本に生じた巨大バブルとその崩壊に続き、一九九七年のアジア経済危機、二〇〇一年のアメリカでのＩＴ株バブルの崩壊、さらに二〇〇八年にサブプライム世界恐慌に転化したアメリカの住宅市場バブルの崩壊が労働力の金融化をともないつつ、現代資本主義のいちじるしい不安定性を印象づけている。

そこから前章でみたＨ・ミンスキーらポスト・ケインジアンによる金融不安定性論に関心があらためてよせられている。とはいえ、金融不安定性がなぜこの時期に顕著になってきたのか。好況のなかで投機的金融に頼る度合を高める投資家の心理の変化にもとづく、抽象的で一般理論としてのミンスキー・サイクル論では、この問題が、高度成長期にはほとんど浮上しなかったのに、その後一九八〇年代以降に重要となってきた理由も理解できない。

そこで、D・ハーヴェイ（2011）は、むしろ『資本論』にたちもどり、そこでの多様な恐慌論をすべて道具箱のように保持して、多原因論的接近を提唱し、ほぼつぎのように分析している。すなわち、新自由主義のもとで実質賃金が抑圧されて、過少消費説的に内需が低迷し続けているために、たとえば信用力の低いサブプライム層へも住宅ローンを大量に売り込むような投機的金融拡大による景気回復と、その崩壊によるサブプライム恐慌が生じた。その点では、一九七〇年代初頭に生じた労賃騰貴による利潤圧縮に由来する恐慌と、サブプライム恐慌とは、ともに『資本論』の恐慌論に考察基準を求めうるにせよ、類型が異なる、というのである。

サブプライム恐慌が一九七〇年代初頭の恐慌と類型が異なることに、さして異論はない。とはいえ、多原因説的接近では、マルクスが意図した周期的恐慌の原理的必然性を解明することは難しい。宇野にしたがい周期的恐慌の原理を明確にしたうえで、それを基準に、現代の恐慌の分析を弾力的にすすめる方法も十分有力であろう。そのさい、貨幣・信用の投機的不安定性も、『資本論』による恐慌の原理論に重要な契機としてふくみこまれていたことに注目しておくべきであろう。

そのうえで、サブプライム恐慌と一九七〇年代初頭の恐慌とを異なる類型として対比するにとどめず、前者は、後者に続く労資関係の長期にわたる再編局面に生じているのであって、不況局面に特有な実質賃金の低迷と過剰資金の累積をうけた投機的バブルの崩壊の反復の一環をなしていたという歴史的脈絡を強調しておきたい。

いずれにしても、一九七〇年代初頭に高度成長を終焉させた経済危機が、資本主義に内在する労働力商品化の無理を、現代的様相のもとで露呈し、その後の長期不況をつうじ労資関係の再調整がおこなわれ、失業や半失業、さらにはワーキング・プアの増大のような新たな貧困問題にその無理を転化しつつ、経済格差を拡大させ、経済生活を不安定化し、資本主義に内在する経済変動の根本的な問題性や限界を現代的にあきらかにしつつあることに疑いはない。新自由主義は、市場原理主義により資本主義の社会的制御を除去する政策基調のもとで、資本主義経済の原理的作動が多くの働く人びとの経済生活になにをもたらすかを、あらためて実感させつつある。『資本論』の経済学に関心が回帰しているのも、とうぜんといえる。

マルクス経済学は、こうした観点にたって、新自由主義に対峙し、そのもとで深化してきた石油などの資源制約、環境問題、少子高齢化、国家財政の危機などの重層的な現代資本主義の多重危機についても、体系的に批判的考察をすすめる可能性に富んでいる。『資本論』の恐慌論とその現代世界への適用をめぐるマルクス・ルネッサンスの流れは、その可能性を力強く示唆するところとなっている。

(3)　新自由主義をこえて、二一世紀型の社会と経済を考える　一九八九年の東欧革命とそれに続く一九九一年のソ連解体は、大きな衝撃を与えた。これをうけて、F・フクヤマ(1992)のように、マルクスによる社会主義は失敗し、いまやリベラルな民主主義と適合的な自由主義経済が繁栄へのいちばん望ましい道筋であると判明した、とみる新自由主義的総括が、日本の論壇や学界にもかなりの影響を及ぼしている。

しかし、資本主義世界に生じ続けている深刻な経済生活の不安定、雇用問題、格差拡大、自然の荒廃などの多重危機のなかで、「もうひとつの世界は可能だ」という反グローバリズムや反資本主義の思想と運動も世界的には活力を増している。その過程で、ソ連型社会の挫折をどのように総括し、それに替わる社会主義への構想や戦略をどうたてなおすかも、経済学におけるマルクス・ルネッサンスの重要な課題とされてきた。

マルクス自身は、先行の空想的社会主義者と異なり、社会主義ないし共産主義の詳細な設計図を描くことを避け、『資本論』での資本主義経済の原理的考察に主要な関心を集め、そこから想定される未来の「自由な個人のアソシエーション（協同社会）」については、ごく大まかな要点をいくつか資本主義との対比で仮説的に述べるにとどめていた。

そのため、ソ連型社会がゆきづまり、その変革が求められるようになるなかで、その社会の特徴をマルクスによる社会主義とみなしてよいかどうかも大きな問題となった。

マルクスは、労働者大衆が被支配階級として剰余労働やその成果を支配階級に搾取されるさまざまな階級社会の歴史が、人間の自由と平等を社会の理念や法形式において認める近代資本主義をもって終わり、労働者が社会の主人公となる無階級社会としての社会主義ないし共産主義の社会への変革が可能となっているとみていた。しかし、ソ連型社会では、そのたてまえに反し、共産党や国家の官僚が集権的計画経済の運営と社会的剰余の支配に圧倒的な権限を掌握し、労働者大衆は、現実には社会の主人公となっていなかった。この変則性をどうみるか。三つの異なる見解が提示されてきた。

そのひとつは、C・ベトレームの『ソ連の階級闘争』（1974, 77, 82, 83）などにみられる。ソ連には一種の資本主義が復活し、国家ブルジョアジーが支配階級化するにいたった、国家資本主義をなしている、というのである。この見解は、文化大革命当時の中国によるソ連批判をソ連史研究によって支持するものであった。日本でも大谷禎之介（2011）などにこうした見解がみられる。しかし、生産手段を私的に所有しえない官僚層を資本家階級とする規定には無理があり、その行動様式も市場経済にもとづく資本主義の運動法則にしたがっていたとは思えない。その体制崩壊後のロシアその他諸国における資本主義化の大きな困難やゆがみも理解しにくくならないであろうか。

そこで第二類型の見解として、P・M・スウィージーは、ベトレームとの論争をつうじて、資本主義で階級社会の歴史は終わるとするマルクスの唯物史観の定式には反するが、ソ連型社会には、プロレタリア革命後に、党と上層官僚との位地の逆転を経て、社会主義でも資本主義でもない新しい階級社会が成立したと主張した。『革命後の社会』（1980）論である。そこでは、支配階級が教育機関や官僚の採用・昇任制度をつうじ、後続世代を特権的地位に再生産するしくみが重視されていた。従属学派のS・アミンはこれを国家階級と名づけ、スウィージー説に賛同していた。

しかし、生産手段の独占的な所有と支配に階級諸社会の経済的基礎を認め、その公有化に社会主義の基本前提があるとみなしてきたマルクス理論との整合性をめぐり、これら二類型の見解には問題も残る。そこで第三の見解として、ソ連型社会は、一種の社会主義社会ではあったが、未熟で歪曲された非民主的体制としての側面を多分に残していたとする見方も有力である。たとえば、トロツキー（1937）は、ソ連社会の後進性のゆえに、専門家層が労働者の代理支配人として特権官僚を形成するにいたったのであり、これをとり除くための「第二の革命」が必要であると主張していた。マンデルもこれを継承し、ソ連は「官僚的に堕落した労働者国家」であるとしていた。たしかにソ連型社会では、労働者の就労の権利、公的消費としての医療、教育、育児のしくみ、年金制度の拡充、女性の職場などへの参加、高度な技術者などの養成など、労働者国家としての特徴も示され、資本主義諸国にも福祉国家政策充実への圧力を与える作用も果たしていた。またそれによって労働者の協力がえられていたかぎりでは、非民主的で未熟な面はあるにせよ、その計画経済も後進的であったソ連経済を世界第二の工業国に発展させることにも成功していた。

とはいえ、スウィージーも指摘しているように、すでにアメリカにつぐ工業強国となって専門家層の不足も解消されていたはずのソ連における官僚支配の特性は、もはやその後進性から説明できるとは考えられない。むしろその集権的計画経済のしくみ自身に、マルクスやレーニンが理想としていた国家権力の縮小・死滅への道を困難とする重要な要因があったといえよう。資本主義諸国からの軍事的脅威をふくむ重圧も、第二次世界大戦やその後の冷戦構造のなかで、ソ連型社会にゆがみを与え続けていた。

そこで生産手段の公有制を基本とし、労働者が社会の主人公となって計画経済を民主的に組織するしくみは、ソ連型社会の党や国家の官僚層の支配的特権やその再生産を廃し、どのように形成しうるのか。三類型のソ連型社会批判をふまえ、大きな宿題が残されたともいえる。

この問題にいくらか異なる角度から応える社会主義の理論は、ソ連型社会への東欧などでの改革運動のなかで、指導的役割を果たした市場社会主義論であった。すでに前章2でみた社会主義経済計算論争において、ランゲの市場社会主義論は、生産手段の公有制を前提に市場の機能を組み入れた市場社会主義の理論モデルを提示していた。それをさらにマクロ経済的な中央計画と、労働者自主管理にもとづく各国有企業の市場に規制された、自立的活動との組み合わせとして具体化する試みを示したのが、W・ブルスの『社会主義経済の機能モデル』(1961)であった。この系譜の理論モデルの提示、展開の試みは、東欧改革運動や、その後のソ連型社会の変革過程でも関心を集め続け、アナリティカル(分析的)・マルクス派の指導的理論家J・E・ローマーの株式市場の機能まで組み込んだ『これからの社会主義』(1994)にいたるまで、多様な試みが示されてきている。

たしかに、市場社会主義の思想と理論によれば、生産手段の公有制やそれにともなう公的消費や生活保障のマクロ経済管理の容易さを利点として活かしつつ、労働者の自主的で自由な発意を尊重する分権化、企業活動の技術革新や合理化への動機を確保した経済活動が、社会化された市場経済を介して、促進されうる。ソ連型社会にとっての有力な改革路線をなしえたとも思われる。

宇野学派が『資本論』に学んで、市場経済を形成する諸形態と、労働力の商品化を前提とする資本主義経済との歴史性の理論的差異と関連を重視してきた観点も、市場社会主義論の理論的可能性の理解に役立てられうる。

しかし、残念なことに、東欧やソ連解体後の経済体制改革は、競合的多党制への政治改革をつうじて、急進的な資本主義化路線にいっきに移行する方向に動き、民主化運動の重要な指導理念であった市場社会主義はそれらの地域では実現されなかった。例外的に独自の労働者自主管理企業による市場社会主義への実験をすすめていたユーゴスラヴィアも、悲劇的な民族紛争から内戦を生じて解体され崩壊する。

他方、中国での文化大革命後の一九七八年以降の改革開放政策は、こうした東欧・ソ連における体制改革とは異なる道筋をたどった。中国共産党の指導的役割とそのもとでの社会主義市場経済の建設を公的理念としつつ、選挙制度や政治体制の変革は慎重に急変を避けて、むしろ市場経済化、外資の受け入れなど、経済体制改革を先行させ、それによって高度経済成長を継続的に実現してきた。その内実は、すでに資本主義と異ならない、とする見解も多い。ことに市場経済と資本主義をともに自然的秩序とみなして同一視する傾向の強い新古典派経済学の理論にもとづく研究ではそうみなされがちである。

しかし、土地や重要な諸企業の全人民所有の原則を保持しつつ、社会主義市場経済の建設をすすめるとする中国の公的見解は、マルクス・ルネッサンスのなかで、ソ連型社会の解体をうけて、関心を集めている市場社会主義の多様な理論の可能性を、大規模に長期にわたって、実験している事例であるとみることもできる。

その事例は、キューバやその他のラテン・アメリカ諸国、ベトナムなどの社会主義を標榜する政権や運動にも重要な意義を有している。中国における市場経済化にともない、顕著に増大している貧富の格差、政治家や官僚の汚職、農村部や農村戸籍労働者の失業や貧困、医療、教育費の高負担化など、社会主義労働者国家の平等原則やその理念にそむく実態に、すでに日本を抜いて世界第二位のGDP大国となった経済力の向上を中国がどのようにふりむけて、ゆきづまっている資本主義にたいする選択肢を世界に提供できるか、経済学のゆくえにも大いに関わる関心事となってゆくにちがいない。

ソ連型モデルを正統的とみなしていた二〇世紀型社会主義は、概して二〇世紀型社会民主主義を、事実上、資本主義を擁護する改良主義にすぎず、むしろ社会主義への変革を阻害するものとみなし排撃しがちであった。しかし、二一世紀型社会主義は、新自由主義に対峙する当面の課題においても、これからの社会主義への長期展望としても、民衆の自発的で民主的な参加を尊重し、「自由な個人のアソシエーション」をめざすかぎり、二一世紀型社会民主主義が追求しつつある福祉社会の内容や、その現代的拡充の新たな方向を考慮の外におくことはできない。実際、新自由主義的グローバリゼーションのなかで、社会民主主義も二〇世紀型のように、もっぱら国家の再配分機能のみに期待することではすまなくなってきている。

たとえば、持続可能な自然環境の保全やそのためのソフト・エネルギー開発をめざすグリーン・リカバリー戦略、それとも関連する地産地消の地域社会再活性化、それをうながす地域通貨の実践、大企業に依存しない、仕事場を協力してつくるワーカーズ・コープ、ワーカーズ・コレクティブなどの協同組合企業の育成、非正規の組織化をふくむ労働組合の再強化などがいまや世界的にも日本でも強く望まれている。そして、そうした社会的経済活動への人びとの参加を容易にするベーシック・インカム（BI）の導入案も、育児、教育、医療、年金、介護などをめぐる公的社会福祉の再建・充実とあわせて、新自由主義に対抗する二一世紀型社会民主主義の新たな挑戦課題の一環をなすものといえよう。

そのような新たな発想をふくむ社会経済の再生に向けての代替戦略の現代的追求の試みは、おそらく中国などの社会主義市場経済の現代化にも、あるいは市場社会主義の多様な理論モデルの内容の展開にも、大いに参考になり、共通の作業課題となるところが多いにちがいない。

その意味で、マルクス・ルネッサンスに問われている資本主義をこえる代替的社会経済の理念と展望は、経済学の歩みのなかでたえず問われ続けてきた、資本主義のもとでの人びとの福祉拡充とそれをこえる代替的社会への変革の可能性とを、社会民主主義と社会主義の刷新とその現代的関連の再考をめぐり提示しつつあるといえよう。

この課題をともに重視しつつ、社会科学としてのマルクス経済学の示唆してきた変革への広く豊かな希望を未来につないでゆきたい。

あとがき

「学びて時にこれを習う。また説《よろこ》ばしからずや」
『論語』冒頭のこの一句は、年を追ってこころにひびく。経済学はとくにこれに適合しているのかもしれない。本書も、この一句をときに想起しては、経済学がたどってきた五〇〇年の歩みをかえりみて習う「悦び」をあらためて深め、その味わいを読者とも共有したいと念願しつつ書きすすめた。

それは、多年にわたる経済学の発展を形成している主要な学派、主要な研究者の関心をひいた論点やそれをめぐる考察が、現代の世界と日本において、われわれがともに直面している政治経済上の諸問題それぞれに重要な意義を有しているためでもある。

前著『日本経済はなぜ衰退したのか』（平凡社新書、2013）でも述べたように、世界と日本の経済生活は、新自由主義政策のもとで、深刻な金融危機の反復、雇用の不安定、格差の再拡大、新たな貧困の増大、少子高齢化、農漁村の過疎化、自然環境の荒廃、国家財政危機の深化など、おり重なった多重危機に悩まされている。閉塞感も強い。

新自由主義をうけ継ぐアベノミクスも金融緩和、円安誘導による輸出企業の収益改善、法人税の軽減、株価のバブル的上昇など富裕層には有利な効果をあげつつ、規制緩和による非正規雇用の拡大をうながし、消費税の引き上げと輸入食材などの値上がりなどで、多数の働く人びとや社会的弱者にはきびしい経済情勢をもたらし、景気回復にも逆効果を生じている。


いまT・ピケティ(2014)が話題をよんでいる。

そこでは、欧米諸国とともに日本も典型国のひとつとみなし、国民資本のもたらす富裕者層への不労所得の増大と集中による経済格差が、新自由主義のもとで、第一次世界大戦前の水準にまで再拡大していることを統計資料により告発し、累進所得税、相続税の強化、国際資本課税などの必要を訴えている。

それは、資本と所得の社会的配分の不平等を、自由、平等、人権を保障すべき社会のもとで、どのように理解し、これにどのような政策で対処すべきか、経済学の歩みのなかで、重農学派や古典派以来、中心的論題のひとつとされ続けてきた争点に、あらためて現代社会の構造的問題としての関心を復帰させる意義が大きい。

本書でも随所で述べてきたように、経済学はその歩みのなかで、こうした論点をふくめ、資本主義市場経済のしくみをめぐって考察を積み重ねてきた。いまや、資本主義経済のしくみそのものが多重危機のなかで閉塞感を深めるとともに、経済学もまた、その閉塞状態をどうのりこえてゆけるか、それぞれの学派をつうじ、重大な危機と岐路を迎えている。未来の社会は、世界的にも各国内でも富と所得の不平等化がすすみ、自然と人間にともに荒廃化作用のいちじるしい現状のままでよいはずはない。競争社会としての資本主義経済のしくみをどう理解し、その破壊的作用をどう社会的に制御し、変革してゆけるかがいぜん強く問われているといえよう。

そのような問いにわれわれはどう直面し、経済学からなにを学んでゆけるのか。

本書でみてきたように、経済学の各学派が歩んできた道筋には、それぞれにこれに深く関わる豊かな考察が示されている。それらの意義と限界をどこまで広く総合的に理解できるかも、危機にある経済学には問われているのではないか。競合的な各学派が、容易ならざる現代世界の歴史的危機のなかで、排他的に経済学の課題を狭くとらえることなく、未来に向けて経済社会のしくみの選択肢を広く許容しあう、学問研究の自由を尊重しあうことが、切に望まれる時代でもある。

本書は、かつて東京大学経済学部でほぼ隔年に担当していた「経済学史」の講義ノートをもとに、若い研究者仲間に各章を分担執筆してもらった編著『経済学史』（有斐閣、一九六六年）をいわば下敷きにして、あらためて初学者ないし一般読者むきに書き下ろしたものである。

経済学からなにを学ぶか、いちど各学派の思想と理論をまとめて再整理してみたいと考えていたが、その宿望を本書の企画にまとめ、執筆から校正にいたるまで懇切にお世話下さったのは、平凡社第一書籍編集部の和田康成氏であった。

ここに、さきの編著に協力してくれた仲間と和田氏とに心から謝意を述べておきたい。

二〇一五年一月

伊藤　誠

参考文献

伊藤誠（1981）『価値と資本の理論』岩波書店（『伊藤誠著作集』第2巻、社会評論社、二〇一一年）
伊藤誠（1982）『現代のマルクス経済学』TBSブリタニカ（『伊藤誠著作集』第1巻、社会評論社、二〇一〇年）
井汲卓一（1971）『国家独占資本主義論』現代の理論社
今井則義（1960）『日本の国家独占資本主義』合同出版
宇野弘蔵（1953）『恐慌論』岩波書店（岩波文庫、二〇一〇年）
宇野弘蔵編（1956）『経済学』上下、岩波書店
宇野弘蔵（1971）『経済政策論』改訂版、弘文堂
大内力（1970）『国家独占資本主義』東京大学出版会
大谷禎之介（2011）『マルクスのアソシエーション論』桜井書店
杉本栄一（1953）『近代経済学史』岩波書店
時永淑（1971）『経済学史』法政大学出版局
西部忠（1996）『市場像の系譜学』東洋経済新報社
八木紀一郎（1988）『オーストリア経済思想史研究』名古屋大学出版会

Aglietta, M. (1976), *Régulation et Crises du Capitalisme.* 若森章孝・山田鋭夫・大田一廣・海老塚明訳『資本主義のレギュラシオン理論』大村書店、一九八九年
Amin, S. (1970), *L'Accmulation à L'Echelle Mondiale.* 野口祐ほか訳『世界資本蓄積論』柘植書房、一九七九年
Armstrong, P., Glyn, A. and Harrison, J. (1984), *Capitalism since World War II.*
Bagehot, W. (1873), *Lombard Street*, 宇野弘蔵訳『ロンバード街』岩波文庫、一九四一年
Baran, P.A. and Sweezy, P.M. (1966), *Monopoly Capital.* 小原敬士訳『独占資本』岩波書店、一九六七年
Barbon, N. (1690), *A Discourse of Trade.* 久保芳和訳『交易論』東京大学出版会、一九六六年
Bernstein, E. (1899), *Die Voraussetzungen des Sozialismus und die Aufgaben der Sozialdemokratie.* 佐瀬昌盛訳『社会主義の諸前提と社会民主主義の任務』ダイヤモンド社、一九七四年
Bettelheim, C. (1974, 77, 82, 83), *Les Luttes de Classes en URSS.* 4 vols. 高橋武智・天羽均・杉村昌昭訳『ソ連の階級闘争 1917–1923』第三書館
Böhm=Bawerk, E. von (1884, 89), *Kapital und Kapitalzins*, 1, 2 Abt.
Böhm=Bawerk, E. von (1896), *Zum Abschluss des Marxschen Systems.* 木本幸造訳『マルクス体系の終結』未來社、一九六九年
Braverman, H. (1974), *Labor and Monopoly Capital.* 富沢賢治訳『労働と独占資本』岩波書店、一九七八年
Brentano, L. (1871–72), *Die Arbeitergilden der Gegenwalt*, 2 Bde.
Brus, W. (1961), *Ogolne problemy funkcjonowania gospodarski socialistycznej.* 鶴岡重成訳『社会主義経済

の機能モデル』合同出版、一九七一年
Child, J. (1693), *A New Discourse of Trade.* 杉山忠平訳『新交易論』東京大学出版会、一九六七年
Davenant, C. (1696), *An Essay on the East India Trade.* 田添京二・渡辺源次郎訳『東インド貿易論』東京大学出版会、一九六六年
Defoe, D. (1728), *A Plan of the English Commerce.* 山下幸夫・天川潤次郎訳『イギリス経済の構図』東京大学出版会、一九七五年
Dikinson, H. D. (1933), Price formation in a Socialist Community, in *Ecconomic Journal*, Dec.
Dobb, M. (1937), *Political Economy and Capitalism.* 岡稔訳『政治経済学と資本主義』岩波書店、一九五二年
Emmanuel, A. (1972), *Unequal Exchange.* translated by Pearce, B.
Feuerbach, L. (1841), *Das Wesen des Chiristentums.* 船山信一訳『キリスト教の本質』上下、岩波文庫、一九六五年
Frank, A. G. (1975), *Underdevelopment or Revolution.* 大崎正治ほか訳『世界資本主義と低開発』柘植書房、一九七六年
Franklin, B. (1729), *A Modest Inquiry into the Nature and Necessity of a Paper Currency.*
Fukuyama, F. (1992), *The End of History and the Last Man.* 渡部昇一訳『歴史の終わり』上下、三笠書房、一九九二年
Galbraith, J. K. (1958), *The Affluent Society.* 鈴木哲太郎訳『ゆたかな社会』岩波書店、一九八五年
Gordon, D. M., Edwards, R. and Reich, M. (1982), *Segmented Work, Divided Workers.* 河村哲二・伊藤誠

訳『アメリカ資本主義と労働』東洋経済新報社、一九九〇年
Harvey, D. (2011), *The Enigma of Capital.* 森田成也・大野定晴・中村好孝・新井田智幸訳『資本の〈謎〉』作品社、二〇一二年
Hayek, F. A. von ed. (1935), *Colletivist Economic Planning.* 迫間真次郎訳『集権的計画経済の理論』実業之日本社、一九五〇年
Hicks, J. R. (1939), *Value and Capital.* 安井琢磨・熊谷尚夫訳『価値と資本』全二冊、岩波書店、一九五一年
Hildebrand, B. (1848), *Die Ntiomalokönomie der Gegenwart und Zukunft.*
Hilferding, R. (1904), *Böhm=Bawerk's Marx-Kritik.* 玉野井芳郎・石垣博美訳『マルクス経済学研究』法政大学出版局、一九五五年、所収
Hilferding, R. (1910), *Das Finanzkapital.* 林要訳『金融資本論』大月書店、一九五二年
Hobson, J. A. (1902), *Imperialism.* 矢内原忠雄訳『帝国主義論』上下、岩波文庫、一九五一、五二年
Hodgson, G. M. (1999), *Economics and Utopia.* 若森章孝・小池渺・森岡孝二訳『経済学とユートピア』ミネルヴァ書房、二〇〇四年
Institut Ekonomiki Akademia Nauk SSSR (1955), *Politicheskaia Ekonomia Uchebnik.* マルクス・レーニン主義普及協会訳『経済学教科書』全四冊、合同出版、一九五五年
Itoh, M. (1990), *The World Economic Crisis and Japanese Capitalism.*
Jevons, W. S. (1871), *The Theory of Political Economy.* 小泉信三・寺尾琢磨・永田清訳『経済学の理論』日本経済評論社、一九四四年

Kautsky, K. (1899), *Bernstein und das Sozialdemokratische Programm.* 山川均訳『マルキシズム修正の駁論』世界大思想全集47、春秋社、一九二八年、所収

Keynes, J. M. (1936), *The General Theory of Employment, Interest and Money.* 塩谷九十九訳『雇用、利子および貨幣の一般理論』東洋経済新報社、一九四一年

Knies, K. (1853), *Politischen Ökonomie vom Standpuncte der geschichtlichen Methode.*

Lange, O. (1936-37), On the Economic Theory of Socialism, in *Review of Economic Studies*, Oct. 1936, Feb. 1937.

Lavoie, D. (1985), *Rivalry and Central Planning.* 吉田靖彦訳『社会主義経済計算論争再考』青山社、一九九九年

Lenin, V. I. (1917), *Imperialism.* 宇高基輔訳『帝国主義』岩波文庫、一九五六年

Lietaer, B. A. (1999), *Das Geld der Zukunft.* 小林一紀・福元初男訳『マネー崩壊』日本経済評論社、二〇〇〇年

List, F. (1841), *Das Nationale System der Politischen Ökonomie.* 小林昇訳『経済学の国民的体系』岩波書店、一九七〇年

Locke, J. (1690), *Two Treatises of Government.* 鵜飼信成訳『市民政府論』岩波文庫、一九六八年

Luxenburg, R. (1913), *Die Akkumulation des Kapitals.* 長谷部文雄訳『資本蓄積論』上中下、青木文庫、一九五二 - 五五年

Malinowski, B. K. (1922), *Argonauts of the western Pacific.* 増田義郎編訳『西太平洋の遠洋航海者』講談社、二〇一〇年

Malthus, T. R. (1820), *Principles of Political Economy*, 2 vols. 小林時三郎訳『経済学原理』上下、岩波文庫、一九六八年
Mandel, E. (1972), *Der Spätkapitalismus.* 飯田裕康・的場昭弘・山本啓訳『後期資本主義』Ⅰ、Ⅱ、Ⅲ、柘植書房、一九八〇‐八一年
Marshall, A. (1890), *Principles of Economics.* 馬場啓之助訳『経済学原理』全四冊、東洋経済新報社、一九五五‐六七年
Marx, K. (1859), *Zur Kritik der Politischen Ökonomie*, In *Marx-Engels Werke*, Bd.13. 武田隆夫・遠藤湘吉・大内力・加藤俊彦訳『経済学批判』岩波文庫、一九五六年
Marx, K. (1867, 85, 94), *Das Kapital*, Bd. I, II, III, In *Marx-Engels Werke*, Bd.23–25. 岡崎次郎訳『資本論』①‐⑨、国民文庫、一九七二‐七五年
Marx, K. (1965–68), *Theorien über den Mehrwert*, Teil 1, 2, 3. In *Marx-Engels Werke*, Bd.26–1, 26–2, 26–3. 岡崎次郎・時永淑訳『剰余価値学説史』①‐⑨、国民文庫、一九七〇‐七一年
Marx, K. und Engels, F. (1848), *Manifest der Kommunistischen Partei.* 大内兵衛・向坂逸郎訳『共産党宣言』岩波文庫、一九五一年
Menger, C. (1871), *Grundsätze der Volkswirtschaftslehre.* 安井琢磨・八木紀一郎訳『国民経済学原理』日本経済評論社、一九九九年
Menger, C. (1883), *Untersuchungen über die Methode der Sozialwissenschaften, und der politischen Ökonomie insbesondere.* 福井孝治・吉田昇三訳『経済学の方法に関する研究』岩波文庫、一九三九年
Mill, J. S. (1848), *Principles of Political Economy.* 末永茂喜訳『経済学原理』（1）‐（5）、岩波文庫、一

九五九－六三年
Minsky, H. (1982), *Can "It" Happen Again?* 岩佐代市訳『投資と金融』日本経済評論社、一九八八年
Mises, L. E. von (1920), *Wirtschaftsrechnung in sozialistischen Gemeinwesen*, English version in Hayek ed. (1935).
Morishima, M. (1973), *Marx's Economics.* 高須賀義博訳『マルクスの経済学』東洋経済新報社、一九七四年
Mun, T. (1664), *England's Treasure by Foreign Trade.* 渡辺源次郎訳『外国貿易によるイングランドの財宝』東京大学出版会、一九六五年
Neumann, J. von and Morgenstern, O. (1944), *Theory of Games and Economic Behavior.* 銀林浩ほか訳『ゲームの理論と経済行動』全五冊、東京図書、一九七二－七三年
North, D. (1691), *Discourses upon Trade.* 久保芳和訳『交易論』東京大学出版会、一九六六年
Petty, W. (1662), *A Treatise of Taxes and Contributions.* 大内兵衛・松川七郎訳『租税貢納論』岩波文庫、一九五二年
Pigou, A. C. (1920), *The Economics of Welfare.* 永田清監修・気賀健三ほか訳『厚生経済学』全四冊、東洋経済新報社、一九五三－五五年
Piketty, T. (2014), *Capital in the Twenty-First Century*, translated by Arthur Goldhammer.（フランス語初版、2013）、山形浩生・守岡桜・森本正史訳『21世紀の資本』みすず書房、二〇一四年
Polanyi, K. (1944), *The Great Transformation.* 吉沢英成・野口建彦・長尾史郎・杉村芳美訳『大転換』東洋経済新報社、一九七五年

Quesnay, F. (1758), *Tableau Économique.*（第三版までの原表および「経済表の分析」(1766) をふくむ）平田清明・井上泰夫訳『ケネー経済表』岩波書店、一九九〇年。増井幸雄・戸田正雄訳『経済表』岩波文庫、一九三三年

Ricardo, D. (1815), An Essay on the Influence of Low Price of Corn on the Profit of Stock. 玉野井芳郎監訳『リカードウ全集』Ⅳ、雄松堂、一九七〇年

Ricardo, D. (1817), *On the Principles of Political Economy and Taxation.* 堀経夫訳『リカードウ全集』Ⅰ『経済学および課税の原理』、雄松堂、一九七二年

Roemer, J. E. (1994), *A Future for Socialism.* 伊藤誠訳『これからの社会主義』青木書店、一九九七年

Roscher, W. (1843), *Grundriss zur Vorlesungen über die Staatswirtschaft nach geschichtlicher Methode.* 山田雄三訳『歴史的方法に拠る国家経済学講義要綱』岩波文庫、一九三八年

Rowthorn, B. (1980), *Capitalism, Conflict and Inflation.* 藤川昌弘・小幡道昭・清水敦訳『現代資本主義の論理』新地書房、一九八三年

Samuelson, P. A. (1965), *Economics*, (6th ed.). 都留重人訳『経済学』上下、岩波書店、一九六六年

Samuelson, P. A. (1971), Understanding the Marxian Notion of Exploitation: A Summary of the So-Called Transformation Problem between Marxian Values and Competitive Prices, in *Journal of Economic Literature*, 9-2, June. 白銀久紀訳「マルクス搾取概念の理解」、伊藤誠・桜井毅・山口重克編訳『論争・転形問題』東京大学出版会、一九七八年、所収

Schmoller, G. (1870), *Zur Geschichte der deutschen Kleingewerbe.*

Schumpeter, J. A. (1908), *Das Wesen und der Houptinhalt der theoretischen Nationalökonimie.* 大野忠男・

木村健康・安井琢磨訳『理論経済学の本質と主要内容』岩波文庫、上下、一九八三、八四年

Schumpeter, J. A. (1912), *Theorie der wirtschaftlichen Entwicklung.* 塩谷祐一・中山伊知郎・東畑精一訳『経済発展の理論』上下、岩波文庫、一九七七年

Schumpeter, J. A. (1939), *Business Cycles.* 吉田昇三監修・金融経済研究所訳『景気循環論』有斐閣、全五冊、一九五八－六四年

Schumpeter, J. A. (1942), *Capitalism, Socialism and Democracy.* 中山伊知郎・東畑精一訳『資本主義・社会主義・民主主義』全三冊、東洋経済新報社、一九五一－五二年

Sen, A. (1985), *Commodities and Capabilities.* 鈴村興太郎訳『福祉の経済学』岩波書店、一九八八年

Sismondi, J.-C.-L. S. de. (1819), *Nouveaux Principes d'économie politique.* 菅間正朔訳『経済学新原理』上下、日本評論社、世界古典文庫、一九四九－五〇年

Smith, A. (1776), *An Inquiry into the Nature and Causes of the Wealth of Nations*, in 3 vols. 大河内一男監訳『国富論』I、II、III、中公文庫、一九七八年

Smith, A. (1762-63), *Lectures on Jurisprudence.* 水田洋・篠原久・只腰親和・前田俊文訳『アダム・スミス法学講義』名古屋大学出版会、二〇一二年

Sombart, W. (1902-27), *Der moderne Kapitalismus*, 3 Bde. 第一巻、岡崎次郎訳『近世資本主義』全二冊、生活社、一九四二、四三年。第三巻、梶山力訳『高度資本主義』有斐閣、一九四〇年

Sraffa, P. (1960), *Production of Commodities by Means of Commodities.* 菱山泉・山下博訳『商品による商品の生産』有斐閣、一九六二年

Steedman, I. (1977), *Marx after Sraffa.*

Steuart, J. (1767), *Principles of Political Economy*, 2 vols. 小林昇監訳・竹本洋他訳『経済学原理』名古屋大学出版会、第1・第2篇、一九九八年、第3・第4・第5篇、一九九三年

Strachey, J. (1956), *Contemporary Capitalism*. 関嘉彦・三宅正也訳『現代の資本主義』東洋経済新報社、一九六二年

Sweezy, P. M. (1942), *The Theory of Capitalist Development*. 都留重人訳『資本主義発展の理論』新評論、一九六七年

Sweezy, P. M. (1949), *Socialism*. 野々村一雄訳『社会主義』岩波書店、一九五一年

Sweezy, P. M. (1980), *Post-Revolutionary Society*. 伊藤誠訳『革命後の社会』社会評論社、一九九〇年

Trotsky, L. (1937), *The Revolution Betrayed*, translated by Eastman, M. 山西英一訳『裏切られた革命』論争社、一九五九年

Turgot, A. R. J. (1769–70), *Réflexions sur la Formation et la Distribution de Richesses*. 永田清訳『富の形成と分配に関する省察』岩波文庫、一九三四年

Veblen, T. (1899), *The Theory of Leisure Class*. 小原敬士訳『有閑階級の理論』岩波文庫、一九六一年

Veblen, T. (1904), *The Theory of Business Enterprise*. 小原敬士訳『企業の理論』勁草書房、一九六五年

Wagner, A. (1877–1901), *Finanzwissenschaft*, 4 Bde. 滝本義夫抄訳『ワグナー氏財政学』同文館、一九〇四年

Wallerstein, I. (1995), *Historical Capitalism with Capitalist Civilization*. 川北稔訳『史的システムとしての資本主義』岩波書店、一九九七年

Walras, M. E. L. (1874, 77), *Eléments d'Économie politique pure ou thiorie de la richesse sociale*. 久武雅夫訳

『純粋経済学要論』岩波書店、一九八三年
Weber, M. (1904), ‘Die “Objektivität” sozialwissenschaftlicher und sozialpolitischer Erkenntnis. 富永祐治・立野保男訳『社会科学方法論』岩波文庫、一九三六年
Weber, M. (1904-05), *Die protestantische Ethik und der “Gaist” des Kapitalismus.* 梶山力・大塚久雄訳『プロテスタンティズムの倫理と資本主義の精神』上下、岩波文庫、一九五五、六二年
Zieschang, K. (1957), Zu einige theoretischen Probleme des staatsmonopolistischen Kapitalismus in Westdeutchland, in Deutsche Akademie der Wissenschaften zu Berlin, *Probleme der Politischen Ökonomie.* 玉垣良典訳「国家独占資本主義の若干の諸問題」、井汲卓一編『国家独占資本主義』大月書店、一九五八年、所収

【著者】

伊藤誠（いとう まこと）

1936年東京都生まれ。東京大学経済学部卒業。経済学博士。東京大学名誉教授。日本学士院会員。専門領域は理論経済学、経済学史、現代資本主義論、社会主義論。おもな著書に『資本主義経済の理論』（岩波書店）、『市場経済と社会主義』（平凡社）、『幻滅の資本主義』（大月書店）、『「資本論」を読む』（講談社学術文庫）、『伊藤誠著作集』全6巻（社会評論社）、『日本経済はなぜ衰退したのか』（平凡社新書）、編著に『経済学史』（有斐閣）などがある。

平凡社新書768

経済学からなにを学ぶか
その500年の歩み

発行日——2015年3月13日　初版第1刷

著者————伊藤誠
発行者———西田裕一
発行所———株式会社平凡社
東京都千代田区神田神保町3-29　〒101-0051
電話　東京（03）3230-6580［編集］
東京（03）3230-6572［営業］
振替　00180-0-29639
印刷・製本—株式会社東京印書館
装幀————菊地信義

ISBN978-4-582-85768-9
NDC分類番号333.6　新書判（17.2cm）　総ページ272
平凡社ホームページ　http://www.heibonsha.co.jp/